Ulrich Holst

Rutengeher

Altes Wissen neu entdeckt

Weltbild

Inhalt

Das sich ständig wiederholende Schauspiel von Ebbe und Flut gibt Zeugnis über die Gewalt erdmagnetischer Kräfte.

Wer gesund schlafen möchte, kann durch eine Rutenbegehung den idealen Standort für das Bett herausfinden.

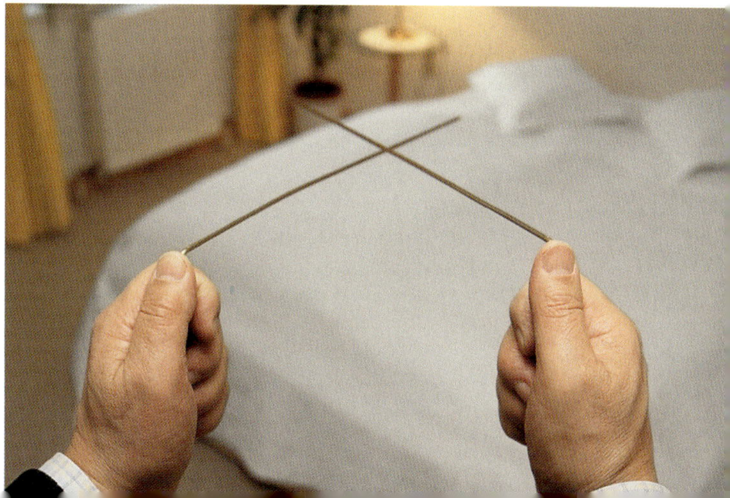

Damit Sie sich zu Hause wohl fühlen

»Spökenkiekerei« nannte noch meine Großmutter das, wovon dieses Buch handelt. Aber die Zeiten haben sich grundlegend gewandelt. Rutengehen gehört heute zur modernen Baubiologie, und die Geopathologie entwickelt sich zwar langsam, aber immerhin zu einer anerkannten Wissenschaft.

In der Geopathologie – zu Deutsch: das Leiden durch die Erde (griech. Geé = Erde, pathein = leiden) – werden u. a. Störzonen untersucht.

Bei der Geopathologie geht es um jenes Leiden, das Menschen, Tiere und Pflanzen dann befällt, wenn sie sich auf den energetischen Reizzonen dieses wunderbaren Planeten zu lange aufhalten.

Es ist im Grunde also ein Leiden, das durch falsches Verhalten entsteht. Tiere spüren sofort, wenn der Platz nicht gut ist, auf dem sie sich befinden, und verändern instinktiv ihren Aufenthaltsort. Menschen spüren das auch – oft allerdings nur sehr dumpf und diffus.

Mit diesem Gefühl kann man natürlich wenig anfangen, wenn das Phänomen der geopathologischen Störungen nicht bekannt ist. Man sieht dann keine Veranlassung, z. B. den Standort des Betts zu verändern, bis sich der Körper über Unwohlsein oder gar Krankheiten meldet.

Rutengehen ist nichts Ungewöhnliches

»Als ich das erste Mal einen Rutengeher sah, habe ich mich noch darüber lustig gemacht. Ich weiß es noch wie heute: Es war 1941 in Norwegen. Ganz spöttisch fragte ich den jungen Soldaten, ob er mit seiner Rutengabel Kippen suchen wolle und machte mich über diesen vermeintlichen Aberglauben lustig. Aber er ließ sich nicht beirren und gab mir selbst die Rute in die Hand. Ich war völlig perplex, wie stark plötzlich die Rute ausschlug. Warum und wieso das alles so funktioniert, konnte er mir nicht erklären. Im Laufe der Zeit habe ich mehr Erfahrungen gesammelt. Als später meine Mutter über Schlafprobleme klagte, habe ich wieder zur Rute gegriffen und siehe da: Genau unter ihrem Bett fand sich eine kräftige Wasserader. Wir haben das Bett umgestellt, und von dem Tag an schlief sie wie ein Murmeltier. Das ist schon ein verrückte Sache mit diesem Rutengehen.« (Karl Pfeifer, Herdorf)

Uraltes Wissen neu entdeckt

Rutengehen ist vermutlich so alt wie die Menschheit selber. Der Stab, mit dem Moses auf den Felsen schlug und Wasser in der Wüste endeckte, war möglicherweise nichts anderes als eine Art Wünschelrute. Und aus China sind Überlieferungen aus dem zweiten vorchristlichen Jahrtausend bekannt, die bereits das Rutengehen erwähnen. Bei uns in Mitteleuropa kennt man seit vielen Generationen – besonders unter der bäuerlichen Bevölkerung – das Aufspüren von Wasseradern mit Hilfe einer Haselnuss- oder Weidenrute.

Im Mittelalter bekam das Rutengehen dann geradezu den Charakter eines magischen Volkssportes, um Erdmetalle – insbesondere natürlich Gold und Silber – aufzuspüren, und manche Rutengeher verklären noch bis heute ihre Künste als etwas geheimnisvoll Magisches. Dabei handelt es sich beim Rutengehen um ein ganz und gar natürlich-physikalisches Phänomen, das wir allerdings erst langsam zu begreifen verstehen.

Das Hauptaugenmerk dieses Buches liegt auf der Praxis, d. h. auf dem Entdecken von so genannten geopathischen Reizzonen im unmittelbaren Wohn- und Lebensbereich.

Einem weiteren Teil dieses Buches sind besonders die Themen »Entstörung und Abschirmung« gewidmet.

Störende Reizzonen selbst aufspüren

In diesem Buch bekommen Sie Schritt für Schritt eine Anleitung an die Hand, um selber mit der Rute Ihr Grundstück und Ihre Wohnung sorgfältig untersuchen zu können. Ziel ist es, dass Sie sich wieder wirklich rundherum wohl fühlen können. Nur so viel schon vorab: Machen Sie sich auf spannende Entdeckungen gefasst.

Nun mögen Sie vielleicht einwenden, dass man als Rutengeher doch bestimmt über ganz besondere mediale Fähigkeiten verfügen müsste. Dies ist nicht der Fall. Mit ein wenig Übung und Anleitung kann jeder zu einem Rutengeher werden – gleichwohl es natürlich Unterschiede in der Begabung gibt. Sie werden sehen: Es funktioniert auch bei Ihnen. Viel Erfolg!

Ulrich Holst

Die Illustration von 1693 aus dem Werk über das Rutengehen von Le Lorrain de Vallemont zeigt, wie eine V-Rute gehalten wird.

In vielen Kulturen finden sich Hinweise auf Rutengabeln – so z. B. an babylonischen Säulen oder auf etruskischen Gräbern.

Die Geschichte *des* Rutengehens

Die Idee, dass die Erde unter ihrer fruchtbaren Kruste schlichtweg nur tote Materie sei, gehört glücklicherweise der Vergangenheit an. Wir wissen heute, dass die Erde arbeitet und sehr lebendig ist: Und wir wissen auch, dass die Erde durchzogen ist von einem riesigen Netz unterirdischer Wasseradern und Seenplatten. Bohrt man sie an, macht sich sofort ein Druck bemerkbar, der das Wasser nach oben treibt. Spannung wird erkennbar.

Auch die Kontinente bewegen sich und bauen permanent gewaltige unterirdische Spannungszustände auf, die sich kurzfristig in Vulkanausbrüchen und Erdbeben entladen.

Die Erde zieht wie von Geisterhand geführt ihre Bahnen in unserem Sonnensystem. Sie dreht sich um die eigene Achse und pulsiert mit dem großen Atem des Universums, das sich dehnt und zusammenzieht wie der kleinste Einzeller. Die Dimensionen der Kräfte und Gesetzmäßigkeiten, die unseren Planeten bestimmen, können wir uns nur andeutungsweise vorstellen, und es sind immer nur Bruchteile, die sich dabei unserem Verstehen erschließen.

Die Erde ist lebendig

Viele Naturvölker erleben und begreifen die Erde als einen bewussten, lebendigen Organismus. Sie sprechen von »Mutter Erde«, »Gaia« oder schlicht von »Geschöpf Gottes«. Die Erde ist von einem Netz feinstofflicher Energiebahnen durchwoben. Dort, wo sie sich kreuzen oder verbinden, liegen Orte, die eine besondere Ausstrahlung haben und denen eine besondere Kraft nachgesagt wird. So wurden die meisten Kultstätten, Burgen und Kathedralen auf solchen Kraftplätzen errichtet.

Die Wissenschaft, die diese Geheimnisse zu erforschen sucht, wird Geomantie genannt. Sie wird auch als die gute Zwillingsschwester der Geopathologie betrachtet. Auch über das Erdinnere wissen wir nur sehr wenig. Das, worauf wir leben, scheint nicht mehr zu sein als eine dünne Haut auf einer glühenden hochaktiven Masse.

Das Erdinnere steht in vielfacher Hinsicht unter starker Spannung, die sich immer wieder entlädt, wie z. B. heftige Vulkanausbrüche demonstrieren.

Ionisiertes Gas im Erdinneren

Sind die geheimnisvollen Erdstrahlen, von denen viele Rutengeher berichten, vielleicht Strahlungen aus dem

Auch wenn die Wissenschaft bis heute nicht genau erklären kann, warum beispielsweise Regen am Siebenschläfertag (27. Juni) in der Regel sieben regenstarke Wochen nach sich zieht – meistens stimmt es. Bauernweisheiten bergen eben einfach viel Wahrheit.

Erdinneren? Denn im Inneren der Erde vermuten Forscher sehr heißes, unter hohem Druck stehendes und vollständig ionisiertes (d. h. elektrisch geladenes) Gas.
Sind Erdstrahlen also diese Gase, die dann konzentriert an unterirdischen Gesteinsbrüchen und Wasseradern austreten und teilweise zu verheerenden Gesundheitsschäden führen? Oder sind Erdstrahlen einfach nur erdmagnetische Kräfte, die sich in unterirdischen Wasseradern brechen und sammeln und dann mit dem Wasser der Rute oder des Rutengehers reagieren? Auch dieser Gedanke liegt nahe. Wie wir später noch sehen werden, sind wahrscheinlich beide Antworten richtig.

Gewaltige erdmagnetische Kräfte

Wer einmal an der Nordsee gewesen ist und das gewaltige Schauspiel von Ebbe und Flut beobachtet hat, der hat eine Ahnung davon, wie machtvoll erdmagnetische Kräfte sind – und wie stark Wasser diese Kräfte aufnimmt und darauf reagiert. Das Gleiche gilt auch für das Körperwasser des Menschen.

Das Magnetfeld der Erde lebt zum einen von der Spannung der Erdpole, speist sich aber auch aus »himmlischen« Quellen. Damit sind variable elektrische Strömungen in der Iono- und Magnetosphäre gemeint, die wiederum mit dem Stand des Mondes und anderer Gestirne zu tun haben. Wir kennen und spüren die Auswirkungen zum Beispiel an Vollmondtagen. Physiker haben vor wenigen Jahren entdeckt, dass ein starkes Magnetfeld die Protonen in den Wasserstoffatomen geradezu zum Tanzen bringt.

Durch Beobachten das Kräftespiel erkennen

Den früheren Menschen war das Geheimnis des Lebens und auch das Spiel der unzähligen Lebenskräfte viel bewusster. Denn das Überleben und das Wohl und Wehe ihrer Sippe hingen davon ab, dass sie rechtzeitig erkannten, wann Unwetter oder andere Gefahren für Mensch und Tier drohten. Wir kennen heute nur noch so genannte *Bauernregeln* über das Wetter oder das Gedeihen der Feldfrüchte usw. Gleiches gilt für die *Mondkalender* der verschiedenen Kul-

turen, die sehr präzise Auskunft darüber geben, wann die besten Pflanz- und Erntezeiten sind, wann man Geschäfte machen sollte und wann lieber nicht.
Die analytische, westliche Wissenschaft stellt dies vor unerklärbare Rätsel. Sie tut sich nach wie vor außerordentlich schwer gegenüber den Beobachtungen alter Völker, die teilweise über viele Generationen und mit größter Sorgfalt angestellt wurden, ihnen die angemesse Aufmerksamkeit und Wertschätzung entgegenzubringen.
Dies gilt auch für das weite Feld der *Naturmedizin*. Man mache sich nur einmal klar, dass Ärzte in Tibet bis heute allein über das Fühlen des Pulses in der Lage sind, bis zu 100 verschiedene Krankheiten sicher diagnostizieren zu können.
Welch unglaubliche Sensibilität und welch großes intuitives Wissen dazu gehört, sprengt unser heutiges Vorstellungsvermögen. Es lässt uns aber zugleich auch erahnen, wie hoch die subjektive Wahrnehmungsfähigkeit und Sensibilität ausgebildet werden kann.

Einfache, mittels Beobachtung gewonnene Erkenntnisse und daraus abgeleitete Regeln verblüffen durch ihre Treffsicherheit. Jeder Hobbygärtner, der einmal mit einem Mondkalender gearbeitet hat, wird dies vorbehaltlos bestätigen können.

Immer wieder beeindruckend: das Schauspiel der Gezeiten. Wasser reagiert besonders stark auf erdmagnetische Kräfte.

Der verlorene Spürsinn

Auf seltsame Weise hat sich im kollektiven Bewusstsein der modernen Zivilisation ein Weltbild entwickelt, das nur das als Realität akzeptiert, was sich rational erklären lässt. Man verlässt sich nicht mehr auf sein Gespür, auf die Intuition oder die einfache Beobachtung, sondern glaubt, erst durch eine vermeintlich vernünftige wissenschaftliche Erklärung das Recht zu erhalten, sich auf Dinge verlassen zu können. Dies hat nicht nur zu einer Lebensverunsicherung geführt, sondern auch zu einer Vernachlässigung der eigenen Fähigkeiten, gute und schlechte Plätze spüren zu können.

Ein Holzschnitt aus dem Jahr 1557 zeigt Rutengeher bei ihrer Suche nach Quellen.

Rutengehen – so alt wie die Menschheit

Wann und wo das Rutengehen zum ersten Mal praktiziert wurde, liegt völlig im Dunkeln. Vielleicht ist es eine Kunst des Wasserfindens und Brunnengrabens, die es so lange gibt, wie Nomaden durch die Wüsten und Steppen dieser Erde ziehen. Möglicherweise ist es auch eine jahrtausendealte Methode der Hirten und Bauern, um sich vor schlechten Plätzen zu schützen, die die Fruchtbarkeit der Saat oder des Viehs beeinträchtigen könnten. Hinweise auf das Rutengehen finden sich in beinahe allen Kulturen – von den Babyloniern, Kelten bis hin zu den Germanen.

Die Gelehrten entdecken das Rutengehen

Der Benediktinermönch Basilius Valentius berichtete im 15. Jahrhundert als Erster ausführlich über den allgemeinen Brauch des Rutengehens unter der Bevölkerung. Knapp zwei Jahrhunderte später beschäftigte sich der Jesuit Athanasius Kircher eingehend mit dem Rutengehen und schrieb eine Art Bedienungsanleitung für Ruten. Das Rutengehen faszinierte fortan zunehmend auch die Intellektuellen und Gelehrten. Selbst Johann Wolfgang von Goethe, Albert Einstein und Max Planck haben sich damit beschäftigt.

Krank durch Erdstrahlen?

Mit Beginn der Industrialisierung und dem damit verbundenen rapiden Anwachsen der Städte wurden Erdstrahlen zu einem Problem der Volksgesundheit. Konnte man bislang sein Haus oder die Stallungen mehr oder minder nach eigenem Gutdünken auf dem eigenen Grundstück platzieren und sich von seinem Gespür leiten lassen, wo es wohl am besten hinpasst, änderte sich dies im Zuge der Verstädterung. Wohnraum wurde knapp, mehrstöckige Häuser entstanden, Bauvorschriften und Kapitalertragszwänge bestimmten von nun an den Grundriss und die Lage der Gebäude.

In England beginnt die Forschung

Bezeichnenderweise beginnt die wissenschaftliche Erdstrahlen- und Rutenforschung in England. Dieses Land hatte die Führungsrolle der industriellen Revolution inne, und binnen weniger Jahrzehnte vervielfachte sich die Bevölkerungszahl der Großstädte. Unter diesem Druck ging das Gespür für die Qualität eines Platzes verloren, und die Menschen waren wie im Rausch ob des Siegeszugs der Technik und der vermeintlichen Überlegenheit des Menschen über die Kräfte der Natur.

Aus dem Jahr 1861 ist uns der erste wissenschaftliche Hinweis auf mögliche Gefahren von Erdstrahlen bekannt. Ein Forscher namens de Havilland regte entsprechende Untersuchungen an; ob es dazu gekommen ist und mit welchem Ergebnis, ist nicht bekannt.

Freiherr von Pohl – der Pionier des Rutengehens

In Deutschland begann die wissenschaftliche Beschäftigung mit Erdstrahlen erst zu Anfang des 20. Jahrhunderts und erlebte in den dreißiger Jahren ihre erste Blütezeit. Die Anfänge der geopathologischen Forschung sind ganz eng verknüpft mit *Freiherr von Pohl.* Er gilt zu Recht als Pionier der Erdstrahlenforschung und Meister des Rutengehens. Seit 1904 forschte er nach

Die Bezeichnung Wünschelrute hat sich im Mittelalter herausgebildet, als es geradezu Mode geworden war, mit der Rute auf Edelmetallsuche zu gehen, und viele die Erfahrung machten, dass ein starker Wunsch offensichtlich zum Erfolg beiträgt.

Stonehenge – bekannt als Ort mit magischen Kräften.

»Es wird hierdurch festgestellt, dass Freiherr von Pohl der … Nachweis, dass Todesfälle an Krebs ausnahmslos in Häusern bzw. Zimmern erfolgen, die über besonders starken unterirdischen Wasserläufen stehen, im vollsten Maße gelungen ist …« (aus dem Protokoll des Feldversuches)

einem möglichen Zusammenhang zwischen Krebserkrankung und Erdstrahlung, denn er hatte die Beobachtung gemacht, dass die Betten von Krebstoten ausnahmslos auf unterirdischen Wasseradern standen. Da die etablierte medizinische Wissenschaft seinen Beobachtungen wenig Aufmerksamkeit zollte, entschloss er sich 1929 zu einem auch nach heutigen Kriterien wissenschaftlich exakten Feldversuch in der niederbayerische Kleinstadt *Vilsbiburg*.

Eine Stadt wird systematisch untersucht

Vilsburg auf einem Stich von 1702

Freiherr von Pohl erbot sich mittels Rutengehen, einen Plan über die unterirdischen Wasserläufe von Vilsbiburg zu erstellen. Dieser sollte dann verglichen werden mit einem Plan, den der Obermedizinalrat zu erstellen hatte. Er sollte anhand der Leichenscheine diejenigen Häuser in der Stadt ermitteln, in denen in den vergangenen zehn Jahren jemand an Krebs gestorben war.
Strengstens und unter amtlichen Zeugen wurde darauf geachtet, dass der Freiherr bei seinen Rutenuntersuchungen keinerlei Kenntnis über diesen Plan oder sonstige Sterbefallmeldungen erhielt. Bei seinen Rutengängen wurde er sogar von einem Polizisten begleitet, der dafür Sorge zu tragen hatte, dass dem Rutengeher auch keine mündlichen Hinweise von Hausbewohnern zugetragen wurden. Die ganze Untersuchung erstreckte sich über sieben Tage und wurde exakt und bis in alle Einzelheiten protokollarisch von einer neutralen Amtsperson festgehalten. Das Ergebnis verblüffte nicht nur die allgemeine Öffentlichkeit, sondern auch die medizinische Fachwelt. Hier ein Auszug aus dem Protokoll:
»… Aus den Karten zeigt sich die verblüffende Tatsache, dass sämtliche Krebstodesfälle in Vilsbiburg auf den von Freiherrn von Pohl eingezeichneten starken unterirdischen Wasserläufen liegen.«

Diese Untersuchung des Freiherrn von Pohl schlug natürlich große Wellen. War dieses Ergebnis möglicherweise nur auf eine besondere Konstellation von Zufällen zurückzuführen, oder war die Versuchsanordnung nicht absolut lückenlos? Zweifel regten sich, und es dauerte nicht lange, bis die nächsten Feldversuche gestartet wurden.

Alles nur Zufall?

Für den zweiten Feldversuch wurde ein Gemeinde ausgesucht, in der es nur ganz wenige Krebstote zu beklagen gab. Damit sollte der Zufallsfaktor minimiert werden. Unter Federführung des Generalsekretärs des Deutschen Zentralkomitees zur Erforschung und Bekämpfung der Krebskrankheit wurde die *Gemeinde Grafenau* im Bayerischen Wald ausgewählt. In dieser etwa 2000 Einwohner zählenden Gemeinde hatte es in den vergangenen 16 Jahren nur 16 Krebstote gegeben.
Es erfolgte wieder eine streng abgeschirmte Rutenbegehung des Ortes durch den Freiherrn von Pohl. Wieder war das Ergebnis eine hundertprozentige Übereinstimmung: Anhand des von ihm erstellten Plans unterirdischer Wasseradern konnte er ausnahmslos alle Häuser ausfindig machen, in denen jemand an Krebs gestorben war. In einem Häuserblock waren gar fünf Menschen an Krebs gestorben – auch dies hatte er mittels Rutengehen erkannt.

Erdstrahlen als Krebsursache?

Aller guten Dinge sind drei: Der Sanitätsrat Dr. Hager in *Stettin* las von den Untersuchungen und Ergebnissen in Vilsbiburg und in Grafenau und beauftragte nun seinerseits den Rutengänger Geheimrat C. William, alle Häuser der Stadt auf Erdstrahlen zu untersuchen, in denen Menschen an Krebs verstorben waren. Auch hier das gleiche Ergebnis: Jeder der Verstorbenen hatte sein Bett auf einer unterirdischen Wasserader.

Rutengehen und physikalische Messungen

Was nach diesen Sensationen folgte, war geradezu eine kleine Volksbewegung unter medizinischen Fach- und Laienkräften. Spitäler, Altenstifte und Privathäuser wurden nun von Ruten-

Im Mittelalter wurde die Rute als *virgula divina* bezeichnet, was sich mit göttlicher Stab übersetzen ließe. Diese Bedeutung hat auch in die englische und französische Sprache Eingang gefunden. Dort spricht man vom *divining rod* beziehungsweise vom *baguette divinatoire*.

gehern inspiziert, und wieder zeigten sich eindeutige Zusammenhänge zwischen Krebserkrankung und Erdstrahlenbelastung.
Manchen aber war die Rute ein zu subjektives Untersuchungsinstrument, und es wurden Bemühungen unternommen, physikalisch objektiv arbeitende Geräte zu entwickeln.
In diesem Zusammenhang wurde von einem Konstrukteur namens Dr. Macht ein so genanntes Geoskop erfunden, mit dessen Hilfe man geologische Bodenverwerfungen noch bis in mehrere hundert Metern Tiefe orten konnte. Dieses Gerät setzte ein gewisser Dr. Rambeau in Marburg zu einer umfangreichen statistischen Bestandsaufnahme ein. Er kam zu dem Ergebnis, dass sich nicht ein einziges Haus gefunden habe, das auf einem geologisch nicht gestörten Gelände lag und das trotzdem Erkrankungen an Krebs aufwies.

Das Rutengehen könnte wertvolle Beiträge für das Gesundheitswesen, für die Stadtplanung und für die Bauarchitektur liefern.

Etablierte Wissenschaft zweifelt

Man kann also seit Mitte der dreißiger Jahre mit Fug und Recht davon ausgehen, dass Erdstrahlen mit großer Wahrscheinlichkeit ganz erheblich an der Ausbildung und dem Verlauf einer Krebserkrankung beteiligt sind – auch wenn man damals noch keinerlei Erklärungen bereit hatte, wie dies im Einzelnen vor sich geht.
Warum diese Erkenntnisse bis heute von der etablierten Krebsforschung nicht intensiv weiterverfolgt werden, bleibt ihr Geheimnis. Man kann nur darüber spekulieren – vielleicht, weil sich die Krebsforschung und -therapie mittlerweile zu einem gigantischen Industriezweig mit Tausenden von Arbeitsplätzen und weltweit dreistelligen Milliardenumsätzen entwickelt hat?

Der erste und letzte staatliche Forschungsauftrag

1983 wurde den Münchener Physikprofessoren König und Betz von der Bundesregierung der Forschungsauftrag erteilt, zu prüfen, ob die »in breiten Bevölkerungsschichten vermutete Mitverursachung von Krebserkrankungen durch Erdstrahlen« begründet ist.
Obgleich den Professoren nur bescheidene Mittel von 400.000,– DM zur Verfügung gestellt wurden, schlugen sofort viele etablierte Krebsfor-

scher Alarm und konnten auch renommierte Presseorgane auf ihre Seite ziehen.
So verbreiteten sie schon vorab einmal die Botschaft, dass dieser Forschungsauftrag Geldverschwendung sei und die Ergebnisse keinesfalls seriös sein könnten, weil die benannten Forscher rutengläubig seien – was faktisch völliger Unsinn war und an dunkelste Zeiten öffentlicher Denunziation erinnern musste.
Bei dieser Untersuchung wurden mehr als 10.000 Einzelexperimente durchgeführt; zunächst um das Rutengehen als Messinstrument zur Auffindung von Wasseradern beurteilen zu können. Selbst für die größten Skeptiker war besonders folgendes Experiment sehr eindrucksvoll.
In drei übereinander liegenden Räumen baute man folgende Versuchsanordnung auf: Im Erdgeschoss installierte man eine seitlich verschiebbare, zehn Meter lange Wasserleitung. Im ersten Obergeschoss legte man dann für die Rutengeher eine 13 Meter lange Teststrecke fest, die quer zur unten verlegten Wasserleitung lag. Und im zweiten Obergeschoss wurde ein Zufallsgenerator in Betrieb gesetzt.

Prof. Betz: »Unser bester Proband entdeckte mit Hilfe des Rutengehens bei zehn Versuchen viermal die exakte Position der Wasserleitung. Bei den übrigen Versuchen kam er der exakten Position oftmals sehr nahe.
Die Wahrscheinlichkeit, dass es sich dabei um einen Zufall handelt, liegt bei unter einer Promille ...« (Welt am Sonntag, 2.4.1989)
Trotz dieses ersten sehr interessanten Teilergebnisses kam es in der Folgezeit zu keinen weiteren Forschungsaufträgen oder gar einem Aufbau geopathologischer Wissenschaftszweige an den deutschen Universitäten. Auch da kann man über die Hintergründe nur spekulieren.
Eine löbliche Ausnahme macht dabei in jüngster Zeit die Fachhochschule Nienburg. Unter der Leitung von Professor Eike Hensch wird dort intensiv zu Problematiken der Radiästhesie, Baubiologie und speziell auch des Rutengehens geforscht.

Rutengehen um die Jahrhundertwende in North Dakota beim Aufspüren von Wasseradern.

Erdmagnetische Interferenzen, Wasseradern und Ionenstrahlung beeinflussen das menschliche Leben.

Was *sind* Störfelder?

Die Frage, was Störfelder eigentlich sind, ist nicht leicht zu beantworten, weil man es mit scheinbar unzusammenhängenden Phänomen und Fakten zu tun hat. Sind es ausschließlich unterirdische Wasseradern, die in einer spezifischen Art erdmagnetische Kräfte abstrahlen? Oder sind es auch Partikelstrahlungen aus dem Erdinneren, die an unterirdischen Gesteinsverwerfungen oder Grundwasserströmen verstärkt austreten? Einiges spricht dafür.
Oder sind es Neutronenstrahlungen, die entstehen, wenn sich erdmagnetische Wellen brechen und dabei abgebremst werden? Auch diese Meinung steht im Raum.
Und gleichsam – um das Finden einer schlüssigen Antwort noch schwieriger zu machen – ist bei all diesen Überlegungen noch die Tatsache zu berücksichtigen, dass Erdstrahlen – was immer das sind – vor allem dann besonders wirksam und gefährlich sind, wenn sie an den Gitterkreuzungen oder Doppellinien des erdmagnetischen Feldes auftreten. Dies ist eine Beobachtung vieler Rutengeher und Geopathologen. Was ist darunter zu verstehen?

Erdmagnetische Felder

Wie eingangs bereits erwähnt, hat die Erde ein außerordentlich starkes Magnetfeld. In der geopathologischen Forschung entdeckte man, dass dieses Magnetfeld spezifische Strukturen, so genannte Gitternetze, aufweist, die sich wie ein unsichtbares Muster über die Erde ziehen und an ihren Kreuzungspunkten oder Doppellinien die Ruten in besonderer Weise zum Anschlagen bringen. Der Anteil des Erdmagnetismus, der sich vor allem aus dem Permanent- und dem Magnetfeld des Erdinneren speist, hat eine dreidimensionale Feldstruktur von 10 m x 10 m x 10 m. Dieses Muster wird das *Benker'sche Kubensystem* genannt. Der Anteil des erdmagnetischen Feldes, der von der äußeren Iono- und Magnetosphäre herrührt, hat eine flächige Struktur von 2 m x 2,50 m und wird nach seinem Entdecker als *Hartmann-Gitter* bezeichnet (siehe Seite 18).
Lange Zeit wurde auch noch eine dritte, vermeintlich diagonale Struktur, das so genannte *Curry-Gitter*, postuliert. Hiervon hat man aber wie-

Warum manche Rutengeher stark reagieren und andere nur wenig, mag mit der nervlichen Feinfühligkeit, aber auch mit dem Eisenanteil im Blut zusammenhängen.

der Abstand genommen, weil es sich großer Wahrscheinlichkeit nach nur um Reflexionen oder Oberwellen der ersten beiden Gitter handelt.

Wie wirken magnetische Kräfte?

Sie kennen wahrscheinlich aus dem Physikunterricht noch das eindrucksvolle Experiment, wo der Lehrer Eisenspäne auf ein Blatt Papier streut und dann langsam von unten oder von der Seite einen Magneten an das Blatt heranführt. Die Eisenspäne richten sich auf den Magneten aus und kommen ihm näher, bis sie sich alle verbinden und quasi an ihm kleben bleiben. Magnetismus strahlt in Wellenbewegungen aus und bündelt elektrisch geladene Teilchen.

Zwei für das Auge unsichtbare Magnetfeldstrukturen beeinflussen das Leben auf der Erde wie die geopathologische Forschung herausfand: das Benker'sche Kubensystem und das Hartmann-Gitter.

Was geschieht nun, wenn man gleichzeitig einen zweiten Magneten aus anderer Richtung an das Blatt heranführt? – Chaos und Verwirrung herrschen unter den Eisenspänen. Mal wenden sie sich hierhin, mal dorthin, bis sie sich irgendwie entscheiden. Ähnliches könnte geschehen, wenn elektrisch geladene Teilchen auf eine erdmagnetische Doppellinie oder gar Gitterkreuzungen treffen.
Vielleicht ist es aber allein auch schon die erdmagnetische Schwingungsverwirrung an den Kreuzungspunkten und Doppellinien, die einen so starken Einfluss nicht nur auf die Ruten, sondern auch auf die Lebensvorgänge an dieser Stelle hat?
In der Fachsprache bezeichnet man diese Schwingungswellenkonfusion

Hartmann-Gitter

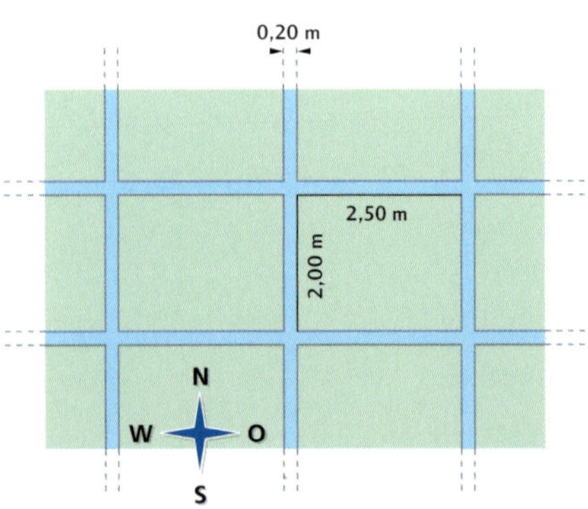

Benker'sches Kubensystem

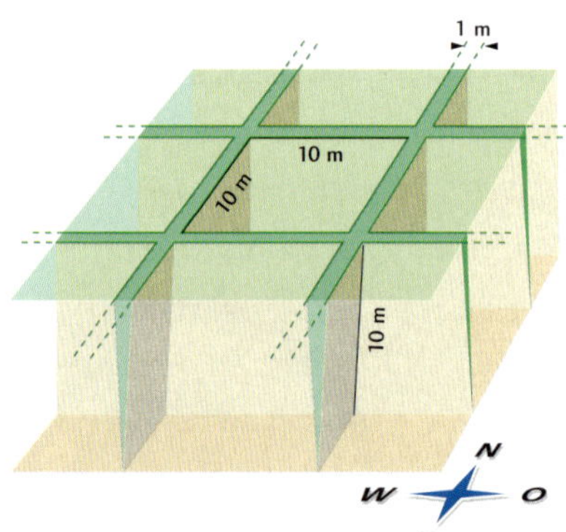

Kreuzungspunkte beider Gittersysteme

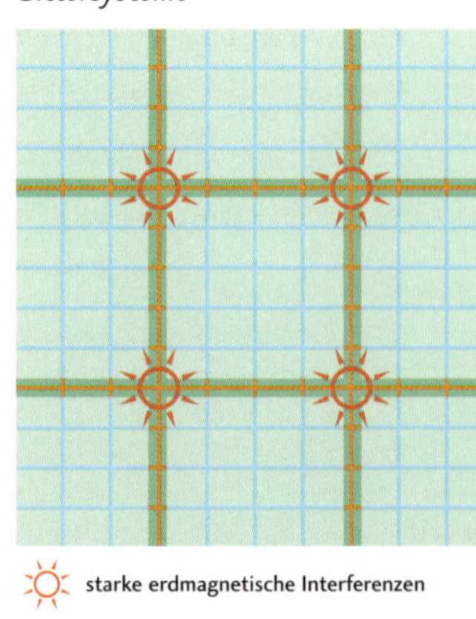

starke erdmagnetische Interferenzen

Übung 1 zum Rutengehen

- **Nehmen Sie zwei Winkelruten (siehe Seite 27) in die Faust, ohne sie mit dem Daumen oder durch zu starken Druck zu fixieren. Strecken Sie die Arme vom Körper ein wenig ab, so dass die Rute genügend Spielraum hat, eine Kreiselbewegung auszuführen. Halten Sie die Rute waagerecht. Achten Sie darauf, dass sich die Rutenstäbe nicht durch Gleichgewichtsveränderungen bewegen. Bewegen Sie sich nun langsamen Schrittes durch die Wohnung, und bleiben Sie dabei gelöst und locker.**
- **Stoßen Sie auf eine erdmagnetische Feldlinie, werden sich die beiden Rutenstäbe aufeinander zu bewegen, sich gar kreuzen; möglicherweise auch in eine Drehbewegung um die eigene Achse fallen. Treten Sie zurück, und wiederholen Sie den Vorgang, bis Sie sicher sind, dass die Rutenbewegungen nicht bewusst durch Sie ausgelöst werden.**

Mit der Winkelrute lassen sich erdmagnetische Felder sehr gut aufspüren.

als Interferenz. Sie kennen das vom Radio, wenn bei einer ungenauen Einstellung zwei Sender gleichzeitig zu hören sind.

Erdmagnetische Interferenzen

Die Wirkung dieser Interferenzen können wir uns gut an einem Beispiel verdeutlichen: Stellen Sie sich vor, Sie liegen abends im Bett und hören noch ein wenig klassische Musik, aber auch Ihr Bettnachbar schaltet sein Musikgerät ein und hört Rockmusik. Es dauert wahrscheinlich nur wenige Minuten, und Sie haben das Gefühl, gleich durchzudrehen.

Erdmagnetische Interferenzen aber können Sie weder sehen, noch hören, noch riechen, aber sie haben eine ähnliche Wirkung auf unser vegetatives Nervensystem wie akustische Interferenzen: Wir fühlen uns gereizt. Deshalb sprechen manche Rutengeher weniger von Störzonen, sondern von Reizzonen. Ruten, insbesondere Winkelruten, reagieren sehr sensibel auf erdmagnetische Felder. Machen Sie eine erste Übung (siehe oben), um es selbst einmal zu erleben.

Das Delta des Ganges mit seinen zahlreichen Verzweigungen.

Wasseradern verstärken die Interferenzen der Erdmagnetfelder um ein Vielfaches und verzerren zusätzlich auch noch deren Nord-Süd-Ausrichtung.

Das Geheimnis der Wasseradern

Wasser hat die Eigenschaft, Schwingungen der Umgebung aufzunehmen und eine Zeit lang gleichsam zu konservieren. Wir erleben das an den gewaltigen Bewegungen von Ebbe und Flut.

Wasseradern an sich sind völlig ungefährlich und belanglos für die menschliche Gesundheit.

Erst wenn sie die Schwingungen erdmagnetischer Interferenzen speichern, entfalten sie ihre unheilvolle Wirkung wie ein gewaltiges Echo und senden entsprechende disharmonische Wellen ab.

Darüber hinaus bringen sie offensichtlich auch noch die Nord-Süd-Ausrichtung des magnetischen Feldes durcheinander. In so einem Fall spricht man dann von einer erdmagnetischen Anomalie.

Rutenforscher haben die Beobachtung gemacht, dass erdmagnetische Interferenzen und Anomalien zu einer extremen Veränderung des elektrischen Feldes führen.

Rutengeher reagieren unterschiedlich

Da der Mensch nun zu ungefähr 70 Prozent aus Wasser besteht, reagieren manche Rutengeher fast automatisch auf unterirdische Wasseradern. Das Schwingungsfeld des eigenen Körperwassers tritt geradezu reflexartig in Resonanz zum Schwingungsfeld des unterirdischen Wassers, registriert jedoch sofort auch eine Spannung zwischen den beiden Schwingungsfeldern. Manche Rutengeher werden dann nervös, bekommen eine Hautrötung oder Schweißausbrüche.

Nicht jede Wasserader ist gleich

Der Unterschied im Rutenausschlag über verschiedenen Wasseradern erklärt sich zum einen durch die unterschiedliche Tiefe und Größe der Adern, zum anderen aber auch durch den unterschiedlichen Eisengehalt. Unterirdische Wasseradern verhalten sich grundsätzlich nicht anders wie oberirdische Flüsse: Sie suchen den

Übung 2 zum Rutengehen

- **Nehmen Sie Ihre V-Rute (siehe Seite 27) zur Hand, und halten Sie diese in Höhe der Magengrube etwa 20 Zentimeter vom Rumpf entfernt. Stehen Sie aufrecht und locker, und geben Sie mit Ihren Armen ein wenig Spannung auf die beiden Gabeln.**
- **Bitten Sie einen Partner, einen Eimer voll Wasser zu füllen und diesen vor Sie auf einen kleinen Hocker zu stellen. Warten Sie eine Weile, bis sich das Wasser beruhigt hat, und halten Sie nun die Rute darüber. Es passiert nichts. Die Rute reagiert nicht. Jetzt bitten Sie Ihren Partner, das Wasser im Eimer kräftig mit einem Metalllöffel umzurühren. Dann halten Sie wieder die Rute darüber …**

kürzesten Weg zum Meer. Weil sie aber zusätzlich unter Druck stehen, verästeln sie sich, überwinden Höhenunterschiede und sind in ihrem Verlauf wenig berechenbar.

Ionisierte Erdstrahlen

Ionen sind gleichsam wandernde Atome oder Atomgruppen, die eine elektrische Elementarladung besitzen und in allen Aggregatzuständen der Materie vorliegen können. Sie sind an sich weder gefährlich noch ungefährlich. Die Polarisation und Dichte macht das Gift. Im Handel sind sogar so genannte Ionisatoren erhältlich. Das sind kleine Geräte, die negativ geladene Ionen in den Raum schießen und binnen weniger Stunden ein Raumklima bewirken, das an die Atmosphäre nach einem Gewitter oder nahe einem Wasserfall erinnert. Durch diese Ionisation der Luft werden elektrostatische Aufladungen kleinster Staubpartikel aufgelöst, und diese fallen dann wie tot zu Boden. Was aber geschieht mit unseren Körperzellen, wenn sie jede Nacht einer solchen Ionisation ausgesetzt sind? Wahrscheinlich dies: Sie fallen aus ihrem elektrischen Gleichgewicht, verlieren ihre Schwingung und degenerieren.

In der Rutenforschung erregte der französische Ingenieur Cody bereits in den vierziger Jahren großes Aufsehen mit seinen physikalischen Standortuntersuchungen zum Phänomen der Erdstrahlung.

Bei der Partikelstrahlung der Sonne handelt es sich vor allem um Wasserstoffionen wie Heliumionen und Elektronen. In Erdnähe haben sie eine Geschwindigkeit von etwa 400 Kilometern pro Sekunde.

Womit hängt nun aber die bis zu 100-mal stärkere Ionisation bei den Betten Krebstoter zusammen, die der französische Ingenieur Cody bereits in den vierziger Jahren entdeckte, und wie reagiert die Rute?

Die Erde strahlt wie die Sonne

Astrophysiker haben beobachtet, dass sich auf der Sonne im Rhythmus von etwa 11,7 Jahren gewaltige Kernexplosionen ereignen, die auch ihre Spuren auf unserem Planeten hinterlassen. Zersägt man z. B. einen alten Baum und analysiert die Jahresringe, wird man feststellen, dass im Zeittakt mit der Sonne immer der elfte Ring ein wenig größer ist. Noch über eine Entfernung von zirka 150 Millionen Kilometern – soweit ist die Erde von der Sonne entfernt – finden kleinste Partikelstrahlungen ihren Weg zum Planeten Erde und beeinflussen offensichtlich das Zellwachstum in der Biosphäre.

Strahlen aus der Erde?

Die Erde ist ein Kind der Sonne. Geowissenschaftler gehen heute davon aus, dass der innere Erdkern aus einer an Wasserstoff und Helium stark verarmten Sonnenmaterie besteht. Könnte es also sein, dass aus dem Erdinneren ähnliche Partikel strömen wie von der Sonne – nur in einem sehr abgeschwächten Maße? Und könnte es sein, dass erdmagnetische Interferenzen und Anomalien wie z. B. Gesteinsverwerfungen oder Wasseradern und Gitterkreuzungen jene Stellen sind, an denen diese Gaspartikel extrem elektrisch aufgeladen, d. h. ionisiert werden? Wahrscheinlich ist dies die Erklärung für die starke gesundheitsschädigende Wirkung von Erdstrahlen.

Eine ernste gesundheitliche Gefahr

Während erdmagnetische Interferenzen unser Nervensystem reizen und so eine Belastung der Gesundheit darstellen können, sind erhöhte Ionenstrahlungen über einen langen Zeitraum eine äußerst ernste Gefahr für unsere Gesundheit.
Krebs- und Leukämiezellen unterscheiden sich von gesunden Zellen dadurch, dass sie eine andere Drehung, einen linksdrehenden Kernspin, haben. Nun weist aber auch das Blut

von geopathisch belasteten Patienten einen mehr oder weniger großen Anteil an linksdrehendem Spin aus. Das Gefährliche der ionisierten Erdstrahlung besteht in der Konzentration und der Zeitdauer der Belastung. Wie Messungen gezeigt haben, schwankt, wie beim Erdmagnetismus, das Maß und die Dichte der Ionisation an den Kreuzungspunkten, da sie kosmischen Veränderungen unterliegt (siehe Seite 8).
Ebenso spielen auch der Mondrhythmus, die Jahreszeiten und die Wetterlagen eine Rolle.

Dies alles macht die Erfassung von Erdstrahlen nicht leicht; man hat es ständig mit schwankenden Werten zu tun. Wie reagiert nun die Rute?

Ionenstrahlung und Ruten

Ionenstrahlung als solche lässt sich mit der V-Rute nicht feststellen. Diese Rute reagiert primär nur auf erdmagnetische Schwingungen.
Anders die Winkelrute: Sie zeigt durch Drehbewegungen auch ionisierte Erdstrahlen an. Das Ineinanderfallen der beiden Stäbe ist zunächst eine Reaktion auf erdmagnetische Kräfte.

Manche Menschen begeben sich für kurze Zeit in besonders radonhaltige Bergwerke, also schwach radioaktiv strahlende Felder, um zu kuren. Auch für die Erdstrahlung gilt: Erst die Dosis macht aus der Medizin ein Gift.

Bei dieser Begehung schlägt die Winkelrute aus. Sie reagiert eindeutig auf Störfelder.

Die verschiedenen Rutenarten – ob aus Holz oder aus Metall – funktionieren auf der Basis von Schwingungsresonanz.

Rutenarten *und* ihr Einsatz

So schlägt die Wündtschel-Ruthe so wohl in eines gottlosen als frommen Menschen Hand, so ferne derselbe nur, so sie hält, darmit recht weiß umzugehen.« Johann Philipp Büntingen, Sylva subterranea, 1693

Das ganze Mittelalter hindurch stritt man darüber, ob es sich beim Rutengehen um ein natürliches oder um ein übernatürliches Phänomen handle. Lange Zeit dominierte die »übernatürliche« Erklärung. Dies hatte zur Folge, dass man postulierte, Wünschelruten dürften nur am Pfingstfest – dem Fest der Ausgießung des Heiligen Geistes – geschnitten werden, und dies sollte nur im Namen der Heiligen Dreifaltigkeit geschehen. Spätestens mit dem Aufkommen der Neuzeit und dem Rückgang des römisch-katholischen Einflusses auch auf Wissenschaft und Lehre war der Streit entschieden. Man sprach unter den Gelehrten nun mehr oder minder einhellig von einer *causa naturalis* der *Sympathie* zwischen der Wünschelrute und den Ausstrahlungen (*effluvia*) der Metalle und Mineralien. Bei dem oben erwähnten Johann Philipp Büntingen findet sich dann auch eine interessante Gebrauchsanleitung:

»*… denn gleich wie die effluvia in dem Magnet verursachen, daß er seines gleichen, nehmlich das Eisen mit Gewalt an sich ziehet und gleichsam umarmet, also gehen dergleichen effluvia aus den mineralibus und matallis und conjugieren sich mit denen effluviis der Wündtschelrute, … daß sie sich beugen und fast gezwungen an die Oerter der metallen und mineralien neigen und dieselben gleichsam liebkosen muß.*

Sofern die Wündtschelruthe richtig und accurat schlagen soll, so muß sie

1. an dergleichen Orte geschnitten seyn allwo man gewiß ist, daß daselbst metalla und mineralia sich werffen.

2. Muß die Wündtschelruthe recht porös und reiff seyn.

3. Muß sie im Frühlinge und zwar in vollen Monden, geschnitten seyn, da der völlige Safft und also die meisten effluvia in den Bäumen sich befinden.«

Diese jahrhundertealten Ratschläge haben auch heute nach wie vor ihre Gültigkeit, wenn man mit hölzernen Ruten arbeitet.

Wie bereits ausgeführt, ist Wasser das Medium, auf das magnetische Schwingungen besonders nachhaltig einwirken. Ist die Rute voll im Saft

Alte Ratschläge bezüglich des Umgangs mit einer Rute haben auch heute noch ihre Gültigkeit.

und frisch geschnitten, kann man deshalb erfahrungsgemäß die besten Ergebnisse erzielen, und dies ist fraglos im Frühling an Vollmondtagen der Fall.

Welche Ruten es gibt

So sollte eine V-Rute generell gehalten werden.

Ruten werden sowohl aus Holz als auch aus Metall gefertigt. Man hält sie etwa im Abstand von 20 Zentimetern zum Oberkörper in Höhe der Magengrube. Die Körperhaltung sollte entkrampft und locker sein, und der Kopf sollte nicht nach vorne fallen, sondern aufrecht sein.
Auf diese Weise erhält der Körper eine leichte Spannung wie ein flacher Flitzebogen, was zu einer vorteilhaften Aktivierung des körpereigenen Schwingungsfeldes führt.

Holzruten

Holzruten schneidet man am besten vom Haselnussstrauch oder vom Weidenbaum. Besonders gut geeignet sind auch junge Eichentriebe. Man wählt dazu einen gegabelten Zweig, der etwa zehn Zentimeter oberhalb der Gabelung abgekappt wird. Die beiden Äste sollten zirka 40 Zentimeter lang sein (eigene Ellenlänge). Es ist darauf zu achten, dass die Rute keinem langen Trocknungsprozess ausgesetzt wird. Manche Rutengeher legen sie auch noch eine kleine Weile in Wasser, um die Elastizität zu optimieren.

Metallruten

Wasser in Holzruten ist ein sehr gutes Leitmedium für magnetische Wellen, noch besser funktionieren Metalle. Metallene Ruten gibt es in verschiedenen Formen und aus verschiedenen Materialien. Sie haben gegenüber Holzruten den Vorteil, dass sich ihre Empfindlichkeit nicht verändert. Holzruten trocknen leicht aus und erleiden durch den Gebrauch auch mechanische Veränderungen. Handelsübliche Metallruten sind zumeist aus Stahldraht (drei bis vier Millimeter) gefertigt. Professionelle Rutengeher benutzen auch Ruten aus Kupfer, Nickel, Bronze oder auch aus Silber für ihre speziellen Untersuchungen.

Die Rutenarten

An dieser Stelle möchte ich Ihnen die gängigsten Rutenarten vorstellen.

1. Schleifenrute

Man hält sie in der nach oben geöffneten Hand zwischen Daumen und Fingern. Die Enden zeigen in Richtung Daumen. Bei der eigenen Anfertigung muss man darauf Acht geben, dass das Gewicht richtig verteilt ist und die Rute keine Schlagseite entwickelt.

2. Gabelrute (V-Rute)

Sie ist die gebräuchlichste Rutenform bei den Rutengehern und wird ausschließlich aus Holz gefertigt. Je stärker der Ast, umso höher die Leitfähigkeit; umso geringer allerdings auch die Sensibilität, denn das Eigengewicht der Rute lässt nur grobe Bewegungen zu. Man fasst die Rute gleichsam wie eine Schubkarre an – also mit den Fäusten nach innen. Die Rutenspitze zeigt leicht nach unten.

3. V-Rute

Sie lässt sich sowohl aus zwei Ästen als auch aus zwei Metalldrähten fertigen. Wichtig ist eine stabile Metallverbindung an der Spitze. Sie wird genauso gehalten wie eine Schleifenrute.

4. Die Winkelrute

Die Winkelrute wird nur aus Metalldraht gefertigt. Sie wird mit Handgriff und Kugellager und ohne angeboten. Mit dem Handgriff kann man die Balance besser halten. Mit etwas Übung geht dies auch mit loser Faust.

Die verschiedenen Rutenformen: Gabelrute, V-Rute, Winkelrute, Schleifenrute, Einhandrute

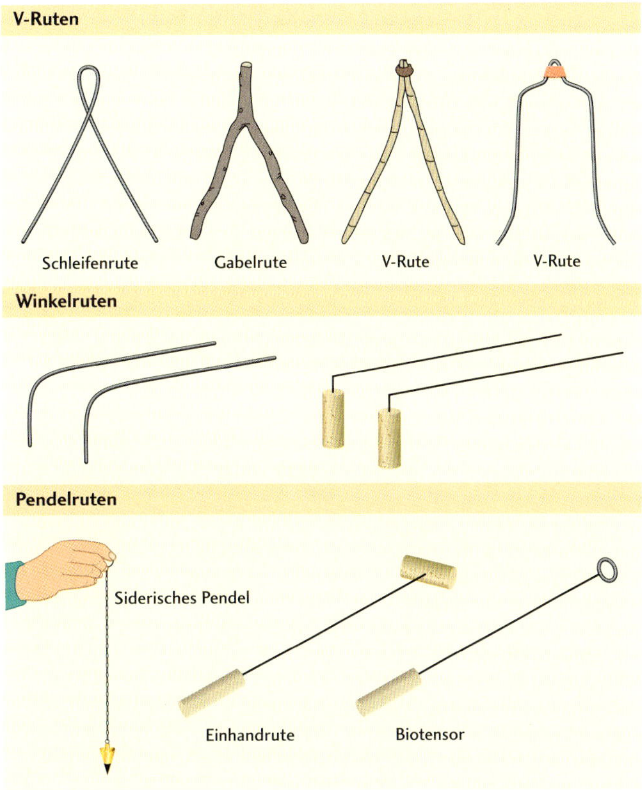

5. Einhandrute, auch Pendelrute genannt
Die Einhandrute wird aus Metalldraht gefertigt. Vorne setzt man einen kräftigen Korken auf die Spitze, um eine leichte Spannung zu erzeugen. Es gibt sie mit und ohne Griff.

6. Biotensor
Eine Weiterentwicklung der Einhandrute – mit einem Metallring an der Spitze.

Es gibt allerdings sehr feinfühlige Menschen, die auch ohne Rute einen Schwingungssender wahrnehmen können.

7. Siderisches Pendel
Es funktioniert nach dem gleichen Prinzip wie die Einhandrute und der Biotensor. Es wird gern von Heilpraktikern zum Erkennen von Krankheiten eingesetzt.

Wie Ruten funktionieren

Ruten funktionieren auf der Basis von Schwingungsresonanz. Was ist damit gemeint? Zunächst ein simples Beispiel dazu: In meinem Arbeitszimmer steht eine Gitarre; klingelt nun das Telefon, gibt auch diese Gitarre einen Ton von sich. Das ist Resonanz. Meine Gitarre fängt aber auch an zu klingen, wenn ich ruckartig die Tür schließe und eine Druckschwingung erzeuge. Sie kennen sicherlich ähnliche Erfahrungen.

Schwingungsresonanz

Die Resonanzreaktionen beim Rutengehen funktionieren prinzipiell ähnlich. Es gibt einen Schwingungssender (Wasserader etc.) und einen Schwingungsempfänger (Rutengeher). Der Kontakt zwischen beiden vollzieht sich beim Rutengehen gezielt über die Rute.

Gleiche Schwingungsmuster reagieren unmittelbar

Alles, was ist, hat eine ganz eigene spezifische Schwingungsstrukur, ein gleichsam persönliches Schwingungsmuster des Atom- bzw. Molekulargefüges. Dieses Schwingungsmuster tritt automatisch in natürliche Resonanz, wenn es auf ein Schwingungsfeld gleicher oder ähnlicher Struktur trifft.
Auch dazu ein kleines Beispiel: Stellen Sie in einem Raum zwei Pendeluhren gleicher Bauart nebeneinander auf, so können Sie bereits nach ein paar Stunden feststellen, dass die Pendel synchron schwingen. Stellen

Sie nun drei Pendeluhren gleicher Bauart in einem Raum auf, und synchronisieren Sie nur den Pendelschlag von zweien, so wird sich der Pendelschlag der dritten Uhr den anderen beiden anpassen. Das stärkere Schwingungsmuster zieht das schwächere in seinen Bann.

Natürliche Resonanzreaktionen

Über Wasseradern schlägt die Rute in der Regel nach unten aus, sie wird von dem stärkeren Schwingungsfeld magnetisch angezogen. Logischerweise reagieren Ruten deshalb nicht über destilliertem Wasser, denn dies hat ein völlig anderes molekulares Schwingungsmuster und kann erdmagnetische Schwingungen nicht speichern.

Die Wünschelrute

Das spezielle Wünschelrutengehen funktioniert nach dem bewussten mentalen Aufbau eines spezifischen Schwingungsmusters. Früher sprach man von dem inneren Wunsch, der den Rutengeher zu seinem Ziel führen sollte. Daher der Name Wünschelrute.

Mentale Vorstellungen sind schwingungswirksam

Geistige Bilder und Vorstellungen können eine enorme Kraft entwickeln und sehr präzise Schwingungsmuster aussenden. Dies ist der Fall, wenn Sie sich beim Rutengehen z. B. auf Gold konzentrieren. Das Schwingungsmuster »Gold« ist jetzt in Ihnen aktiv. Befindet sich nun tatsächlich Gold in Ihrer Nähe, kommt es zu einer Resonanzreaktion, und die Rute reagiert.

Bei künstlichen Resonanzreaktionen kehrt sich allerdings das Verhältnis Sender – Empfänger um. Der Rutengeher ist jetzt der Sender und spürt daraufhin über den Ausschlag seiner Rute, ob unterirdisch ein Empfänger auf ihn reagiert.

Der Erfolg des Wünschelrutengehens ist damit stark von der persönlichen Konzentrationskraft des Rutengehers abhängig.

Je stärker der Wunsch, umso stärker die Schwingungen.

Der Wunsch, Gold zu entdecken, ist oft stärker als die Schwingungsintensität des tatsächlichen Goldvorkommens.

Wasseradern und erdmagnetische Gitter beeinflussen Ihr Leben. Gehen Sie diesen Einflüssen auf den Grund.

Grundstücke *selbst* untersuchen

Gehen Sie bei der Untersuchung eines Grundstücks systematisch vor: Definieren Sie vorab genau die Fläche, die Sie untersuchen wollen, und fertigen Sie eine Zeichnung an, in der Sie Gebäude, Bäume und Beete maßstabsgerecht einzeichnen. Vermerken Sie auch die Himmelsrichtungen. Neben der Rute benötigen Sie noch Markierungsmaterial für Ihre Untersuchungen. Gut geeignet dafür sind Bierdeckel oder kleine Fähnchen. Benutzen Sie aber auf keinen Fall Metallgegenstände zur Markierung. Empfehlenswert sind drei Begehungen, um zu differenzierten Ergebnissen zu kommen.

1. Begehung: Wasseradern entdecken

- Beginnen Sie damit, dass Sie sich mental darauf einstellen, im ersten Durchgang allein Wasseradern entdecken zu wollen. Konzentrieren Sie sich auf Wasser, und visualisieren Sie die Farbe Blau. Begehen Sie Ihr Grundstück am besten quer zur Nord-Süd-Achse, und arbeiten Sie sich streifenweise (im Abstand von ca. zwei Metern) vor, beginnend in Richtung Osten. Gehen Sie langsam und in entspannter, aufrechter Körperhaltung. Halten Sie nach jedem Schritt ein wenig inne, und warten Sie, ob Sie eine Reaktion registrieren.
- Sollten Sie den Anflug eines Ziehens der Rute nach unten spüren, versuchen Sie Ihre Armposition beizubehalten. Geben Sie dem Ziehen nicht nach, und entwickeln Sie ein Gefühl für die magnetische Stärke.
- Gehen Sie langsam weiter, und beobachten Sie genau, wo die magnetische Kraft nachlässt.
- Legen Sie die Rute aus der Hand, und markieren Sie die Stelle, wo die Rute Reaktionen zeigte.
- Folgen Sie nun weiter Ihren Begehungswegen. Parallel zur ersten Rutenreaktion könnte die Rute wieder ausschlagen. Beobachten Sie genau, wann die Rute zu ziehen beginnt und wann sie aufhört. Eine Wasserader verläuft nicht gleichmäßig. Markieren Sie wieder die Stellen.

Auswertung

Am Ende dieser Begehung finden sich auf dem Grundstück – sofern Sie auf eine Wasserader getroffen sind – wahrscheinlich diverse Bierdeckel.

Über erste Erfahrungen mit der Rute verfügen Sie ja bereits, und Sie haben auch eine Vorstellung von den Zusammenhängen, die mit dem Rutengehen verbunden sind. Jetzt folgt die Praxis!

Wo Sie den stärksten magnetischen Sog gespürt haben, und sich die meisten Markierungspunkte befinden, können Sie getrost mit einer Brunnenbohrung beginnen.

Tragen Sie Ihre Ergebnisse auf eine Skizze ein, und überlegen Sie, ob sich die Markierungspunkte sinnvoll zu einem Flussverlauf verbinden lassen. So gewinnen Sie eine erste Vorstellung davon, wie die Wasserader unter Ihrem Grundstück verlaufen könnte. Wenn Sie allein aus dem Grund rutengehen, um den besten Standort für einen Brunnen zu finden, sind Sie mit dieser Skizze allerdings bereits fast am Ziel. Bohren Sie dort, wo sich die meisten Markierungspunkte befinden!

Kunstvoll wurde die Kraft des Wassers in Szene gesetzt. Hier der Brunnen am Place de la Concorde in Paris.

2. Begehung: erdmagnetische Gitter

Bereiten Sie sich nun mental vor, erdmagnetische Gitter aufzuspüren. Diese Arbeit ist subtiler und verlangt mehr Feingefühl – vor allem aber Windstille. Gehen Sie wie folgt vor:

- Nehmen Sie die beiden Winkelruten in die Faust, ohne sie mit dem Daumen oder durch zu starken Druck zu fixieren. Strecken Sie die Arme vom Körper ein wenig ab, so dass die Rute genügend Spielraum hat, eine Kreiselbewegung auszuführen.
- Wählen Sie als Ausgangspunkt jenen Punkt, an dem Ihre Rute bei der ersten Begehung am heftigsten ausgeschlagen hat. Umkreisen Sie diesen im Abstand von ca. einem Meter in wachsenden Ringen gegen den Uhrzeigersinn.
- Stoßen Sie auf einen erdmagnetischen Brechungspunkt, werden sich die beiden Ruten aufeinander zu bewegen und sich kreuzen, möglicherweise in eine Drehbewegung um die eigene Achse fallen. Zählen Sie die Drehbewegungen, und notieren Sie diese auf Ihrem Markierungsdeckel.
- Selbstverständlich wird die Winkelrute auch über der Wasserader reagieren. Betrachten Sie das als Bestätigung Ihrer ersten Begehung.
- Erdmagnetische Markierungspunkte haben in der Regel einen Abstand von 2,50 Metern, zwei Metern oder zehn Metern. Aller Wahrscheinlichkeit nach werden Sie, ausgehend von Ihrem Fixpunkt, mit der Winkelrute solche Markierungspunkte finden.

Auswertung

Tragen Sie die Markierungspunkte in Ihre Zeichnung mit einer anderen Farbe oder einem anderen Symbol ein. Betrachten Sie nun Ihre Zeichnung, und überlegen Sie, ob sich Gittermuster erkennen lassen, die sich möglicherweise auf Ihrem Fixpunkt kreuzen. Dies ist wahrscheinlich eine Stelle mit stark erhöhter radioaktiver Erdstrahlung und geopathisch als sehr gefährlich einzustufen (erdmagnetische Interferenz + Wasserader = extrem ionisierte Erdstrahlung). Das Auswerten von Markierungspunkten hat viel Ähnlichkeit mit der Auflösung von einem Suchbildrätsel. Auch hier geht es um die Frage, wie sich die Punkte sinnvoll verbinden lassen. Aufgabe ist immer, zwei bzw. drei zunächst von einander unabhängige Figuren zu entdecken:

a) Der Verlauf der Wasserader

b) Die Hartmann-Struktur des erdmagnetischen Feldes (2 m x 2,50 m/ N - O)

c) Die Benker`sche Kubenstruktur (10 m x 10 m x 10 m/parallel N - O/W - S)

Eine besondere Schwierigkeit besteht in der Differenzierung der beiden erdmagnetischen Gitterstrukturen, weil es Deckungslinien und Kreuzungspunkte gibt. Gute Anhaltspunkte zur Differenzierung sind die Drehzahlen der Winkelruten an den einzelnen Markierungspunkten. Bedenken Sie dabei auch, dass die Feldlinien des kleinen Gitters eine Breite von ca. 20 Zentimetern haben, die des großen Gitters von etwa einem Meter. Überprüfen Sie gegebenenfalls auch noch einmal Ihre Markierungspunkte. Befinden Sie sich auf der Stelle der stärksten Rutenreaktion? Führen Sie noch einmal die Rute über den Markierungspunkt, und verän-

Bei den Begehungen müsste es über der Wasserader und an den großen Gitterbegrenzungen zu Rutenreaktionen kommen.

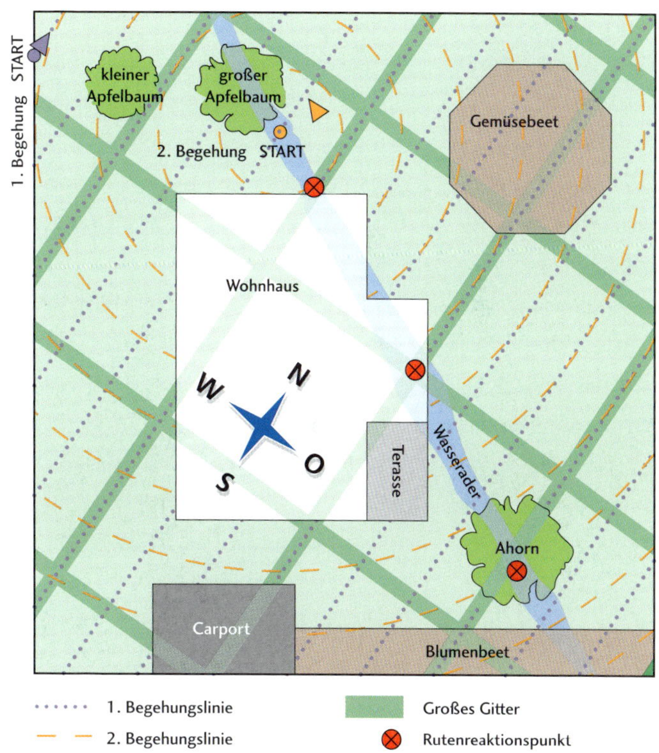

dern Sie sanft die Position. Wo beginnt die Reaktion und wo hört sie auf?
Bedenken Sie bei der Begehung, dass Wasseradern die Ausrichtung und Struktur des Gitternetzes verändern können.

3. Begehung: die gründliche Klärung

Nicht alle gefundenen Markierungspunkte lassen sich auf Wasseradern oder erdmagnetische Strahlungen zurückführen. Mitunter haben die notierten Reaktionen der Rute auch andere Ursachen, die sogar Bomben und Granatsplitter aus Kriegszeiten mit einschließen.

Nun kann es vorkommen, dass man zwar diese drei Figuren ausfindig gemacht hat, aber auf ein paar unverbundenen Markierungspunkten quasi sitzen bleibt. Wenn es sich nicht um Verästelungen der Wasserader handelt, kommen verschiedene Ursachen dafür in Betracht:
a) Erze und Metalle, die erdmagnetische Strahlen reflektieren
b) Gesteinsrisse und andere geobiologische Verwerfungen
c) Elektroleitungen und Kanalisationsläufe bzw.-schächte
d) Bomben und Granatsplitter aus Kriegszeiten
e) vergrabenes (metallenes) Tafelgeschirr u. A.
f) Oberwellen bzw. Reflexionen der erdmagnetischen Feldlinien

Um zu einer gründlichen Klärung zu kommen, kann man alle Möglichkeiten mit der Einhandrute abchecken. Gehen Sie dabei wie folgt vor:

- Halten Sie die Einhandrute locker in der rechten oder linken Hand – je nachdem, ob Sie Rechts- oder Linkshänder sind – wieder in Höhe der Magengrube mit einem Abstand zum Körper von ca. 20 Zentimetern.
- Dann nähern Sie sich langsam ihrem unidentifizierten Markierungspunkt und bauen dabei mental das spezifische Schwingungsmuster des möglichen Störindikators auf. Am einfachsten geht das, wenn man sich auf eine klare Frage konzentriert, z. B.: »Befinden sich hier unterirdische Elektroleitungen?«

Programmierung der Pendelbewegungen

Liefern Sie Ihrem Unterbewusstsein dabei gleich die Information, auf welche Weise es mit »Ja« beziehungsweise »Nein« antworten soll. Etwa so: Bei »Ja« möge die Pendelrute senkrecht schwingen, bei »Nein« waagerecht.

- Halten Sie jetzt Ihre Pendelrute über den Markierungspunkt, und warten Sie die Reaktion ab.

Was das Rutengehen behindern oder fördern kann

Es gibt aus dem Erfahrungsschatz der Rutengeher einige Dinge, die dem erfolgreichen Rutengehen im Wege stehen können. Das sind:

- Belastungen des nervlichen Reizleitungssystems durch Alkohol, Nikotin, Kaffee, Antidepressiva, Stress, Ärger oder Ehrgeiz
- Reduzierung der Wahrnehmungsfähigkeit durch Lärm
- Verminderung der Konzentration durch Sorgen, Zweifel, Zwischenrufer
- Achten Sie darauf, dass Sie keine Metallteile am Körper tragen.

Förderlich für ein erfolgreiches Rutengehen sind:

- Verzicht auf Schweinefleisch
- Stärkung durch Fenchel, Anis oder Ginseng
- Einübung gedanklicher Leere und Offenheit (Meditation)

- Ist die Antwort »Nein«, dann verlassen Sie diesen Markierungspunkt, und gehen Sie mit der gleichen Frage zum nächsten unidentifizierten Punkt.
- Ist die Antwort »Ja«, dann können Sie Ihr Unterbewusstsein auf eine Präzisierung der Antwort programmieren und eine neue Frage stellen, z. B.: »Ist die Leitung tiefer als einen Meter im Erdreich verborgen?« Wichtig bei diesen mentalen Programmierungen ist, dass Sie immer nur eine Frage stellen, die sich klar mit Ja oder Nein beantworten lässt. Wiederholen Sie nun diese Pendelrutenbegehung, bis Ihr Informationsbedürfnis ausreichend befriedigt ist, und übertragen Sie die Ergebnisse in Ihre Zeichnung.

Wenn Sie nun die Begehung Ihres Grundstücks abgeschlossen haben und auf Ihre Zeichnung schauen, stehen Sie wahrscheinlich noch vor dem einen oder anderen Rätsel. Doch seien Sie geduldig mit sich und der Rute.

Man braucht erfahrungsgemäß schon ein gewisses Maß an Übung, um an Sicherheit beim Rutengehen zu gewinnen. Das ist wie mit einem Musikinstrument. Aber keine Sorge: Rutengehen lässt sich viel leichter und schneller einüben als Posaune oder Klavier spielen.

Störfelder bedingen eine Depolarisation des menschlichen Energiekörpers sowie ein erschöpftes Immunsystem.

Wie Störfelder *auf den* Menschen wirken

Geopathische Störfelder haben Einfluss auf die Gesundheit des Menschen – bis hin zu Krebs. Um diese Wirkung besser zu verstehen, wollen wir uns vorab ein Bild davon machen, wie Krankheiten entstehen. Auf diesem Gebiet sind in den letzten 20 Jahren erstaunliche Fortschritte erzielt worden – auch wenn ihre praktische Umsetzung noch ganz in den Anfängen steckt.

Eine der fundamentalsten Leistungen in dieser Hinsicht ist in den Beiträgen des philippinischen Heilers *Choa Kok Sui* zu sehen. In seinen fast 20 Jahre währenden Studien ist es ihm nicht nur gelungen, das Phänomen paranormaler Heilweisen – wie wir sie bislang nur von Schamanen und Geistheilern kennen – physikalisch verständlich zu machen, sondern er hat auch eine sichere Methode des Erlernens dieser Heiltechniken entwickelt. Er nennt diese Methode »Die Kunst des Prana-Heilens«. Seine praktischen Ergebnisse bestätigen sein zugrunde liegendes theoretisches Konzept ohne Einschränkungen. Suis Grundannahme ist die, dass Krankheiten immer über eine Störung des Energiekörpers beginnen.

Angriff auf die Lebensenergie

Der Körper des Menschen besteht aus zwei Teilen, dem sichtbaren physischen und einem unsichtbaren, den man auch *bioplasmatischen Körper* nennt. Wir kennen Materie bislang in den Zuständen fest, flüssig und gasförmig. Plasma ist der vierte Zustand und wird definiert als ionisiertes Gas. Mit bioplasmatischem Körper ist im physikalischen Sinne ein gasähnlicher Energiekörper gemeint, der allerdings nicht statisch konstant ist. Er verändert laufend seine Form, denn Ionen sind gleichsam wandernde Größen (siehe Seite 21).

Der bioplasmatische Körper durchdringt den physischen und reicht über ihn hinaus. Besonders sensibilisierte Menschen bezeichnen ihn traditionell als *Ätherleib* oder ätherisches Doppel. Andere nehmen ihn als eine Art Kraftwolke oder *Aura* wahr. Dieser Energiekörper hat die Form eines sich nach unten verengenden Eis und dehnt sich etwa 70 Zentimeter über den physischen Körper hinaus aus (vgl. Seite 78f. »Heilung geopathogener Erkrankungen«).

Geopathische Reizzonen wie unterirdische Wasseradern und erdmagnetische Strahlungen bringen die Aura eines Menschen derart durcheinander, dass dies zu Krankheiten führen kann.

Wie der Energiekörper des Menschen funktioniert

Wie der Blutkreislauf, so hat auch das Energiesystem des bioplasmatischen Körpers tausende von Adern – die so genannten *Meridiane* oder *Nadis*, die z. B. in der chinesischen Akupunktur mit Nadeln gezielt behandelt werden, um einen gestauten Energiefluss aufzulösen oder Energiebahnen zu reinigen. In Gang gehalten wird der Energiekörper durch so genannte *Chakren*, eine Art Transformatoren. Die sieben Hauptchakren des Menschen haben einen Durchmesser von etwa sieben bis zehn Zentimetern und befinden sich im Rumpf, im Hals und im Kopf. Sie kontrollieren mit kleineren Chakren zusammen den gesamten physischen Körper und versorgen ihn mit Lebensenergie.

Durch den Einsatz von Akupunktur kann die Energie im Körper wieder frei fließen.

Was ist Prana?

Prana oder *Ch'i* ist die asiatische Bezeichnung der Lebensenergie des bioplasmatischen Körpers. Prana (Ch'i) hat drei Hauptquellen: Sonne, Erde und Luft. Prana in der freien Natur lässt sich an energiereichen Plätzen mit dem bloßen Auge wahrnehmen. Man setzt sich dazu an einem Sommertag ausgeruht an einen Baum und richtet seine Augen entspannt auf den Umriss eines anderen Baumes (die typische Drei-D-Augenhaltung). Es wird nicht lange dauern, und Sie werden mit den Augen um den Baum herum einen Lichtfilm und kleine wandernde oder spielende Lichtenergiewolken sehen.

Depolarisation des Energiekörpers

Krankheiten zeigen sich nach Choa Kok Sui ausnahmslos zuerst im Energiekörper des Menschen, bevor sie sich als physische oder auch psychische Krankheit offenbaren. Es würde hier zu weit führen, Krankheitsbilder im Detail darzustellen; wichtig für unseren Zusammenhang ist lediglich die Frage, wie geopathische Reizzonen auf den bioplasmatischen Körper wirken, und welche Folgen dies für den physischen Körper hat.
Der Energiekörper eines Menschen,

der sich über einer geopathogenen Zone aufhält, ist einer extremen erdmagnetischen Interferenz und einer erhöhten Bestrahlung negativ geladener Ionen ausgesetzt. Die Folge ist nicht nur eine energetische Verwirrung, sondern auch eine negative Aufladung des bioplasmatischen Ionenfeldes und damit eine Depolarisation des Energiekörpers. Allgemeines Unwohlsein, Gereiztheit, Schlafstörungen, Kopfschmerzen, Schweißausbrüche und Depressionen sind die ersten Symptome. Es entsteht das Gefühl, keine Reserven zu haben – und das ist zutreffend. Der Energiekörper kann über dem Störfeld keine stabile Schwingung aufbauen oder halten.

Erschöpftes Immunsystem

Keine Armee kann permanent kämpfen. Dies gilt auch für das Immunsystem. Irgendwann bricht die Front ein, wenn jede Nacht Alarmstufe Rot im Körper herrscht, was insbesondere beim Schlafen über geopathischen Reizzonen der Fall ist. So überrascht es nicht, dass sich im Blut schwer geopathisch belasteter Menschen allmählich eine Zunahme von Fremdpartikeln und Toxinen beobachten lässt. Diese bilden Bläschen, Kügelchen, Fäden oder sonstige Gruppierungen und lassen sich über den so genannten Scheller-Test in den roten Blutkörperchen nachweisen. Handelt es sich bei diesen Partikeln auch um die oben beschriebenen Erdstrahlenionen, droht als Nächstes die Störung des Zellverhaltens.

Die Zellen geraten aus dem Gleichgewicht

Negative Ionenstrahlungen beeinträchtigen jedoch nicht nur das Zellverhalten hinsichtlich des Gleichgewichts zwischen Zellab- und Zellaufbau und zersetzen den Energiekörper und damit das Immunsystem, sondern sie wirken auch mit einem gegenläufigen Spin, d. h. mit einem konträren Schwingmuster auf die Zellen ein. Bis zu einem gewissen Maß können die Zellen diesem Einfluss standhalten, aber dann kann es zu einer Irritation der Zellsteuerung kommen, und bis dahin schlummernde Krebsgene (die sich in jeder Zelle befinden) werden aktiviert.

Bei einem erwachsenen Menschen teilen sich durchschnittlich pro Sekunde ca. vier Millionen Zellen, die sich nach unterschiedlichen Zeitzyklen erneuern. Das Gleichgewicht zwischen Zellabbau und Zellaufbau ist das A und O einer stabilen physischen Gesundheit.

Auch Nutz- und Haustiere wie wild lebende Tiere reagieren mit ihrem Organismus auf geopathische Störfelder.

Wie Tiere *auf* Störzonen reagieren

Die zuvor beschriebenen Wirkungsweisen von Störfeldern betreffen nicht nur Menschen, sondern jeden lebenden Organismus. Auch Pflanzen und Tiere haben einen bioplasmatischen Körper, verfügen über ein Immunsystem und bleiben gesund durch einen ausgeglichenen Zellhaushalt. Frei lebende Tiere haben ein sicheres Gespür für ungute Plätze und meiden diese instinktiv. Bei ihnen finden sich keinerlei gesundheitliche Auswirkungen von Störzonen. Anders verhält es sich bei Haustieren, Nutztieren und Zootieren.

Wie Nutztiere sich verhalten

Von jeher haben sich die Menschen Tiere zunutze gemacht, und die meisten Tierhalter und -züchter sowie Landwirte haben ein Gespür dafür, wenn sich ihre Tiere unwohl fühlen. Zumeist versuchen sie zunächst über spezielle Futterbeigaben, die Situation wieder ins Lot zu bringen. Gelingt das nicht, muss der Tierarzt kommen. Dann wird zunächst das kränkliche Tier ausgesondert und über Medikamente aufgepäppelt. Bekommt es dann einen anderen Platz im Stall, ist alles wieder in Ordnung – bis das nächste Tier erkrankt, möglicherweise genau jenes, das den Platz des ehedem kränkelnden Tieres eingenommen hat.

Pferde

Pferde haben einen sehr stabilen und ausstrahlungsstarken bioplasmatischen Körper. Wer auf einem Pferd reitet, fühlt sich bald energetisch wach und stark, selbst wenn die Oberschenkelmuskeln schon zu zwicken beginnen. Viele Reiter wirken besonders gesund und energiegeladen. Dies ist nicht allein auf die frische Luft zurückzuführen, sondern vor allem auf die Verschmelzung der Lebensenergie zwischen Pferd und Reiter und macht einen Teil der Faszination des Reitsports aus.
Würde man nun auf die Zone einer Doppelgitterkreuzung einen Stall bauen, würden sich die Pferde weigern, dort zu nächtigen. Sie würden in ihrer Box unruhig hin und her laufen, immer auf der Suche nach einem Flecken, der weniger strahlt. Gelingt ihnen das nicht, oder schafft der

Wie ich selbst beobachten konnte, sieht man Pferde niemals auf einer belasteten Zone ruhig stehen. Dafür haben sie andere Plätze, auf denen sie sich offensichtlich wohler fühlen.

Die meisten Schweine sehen heute zu Lebzeiten kein Sonnenlicht und leiden deshalb unter chronischem Pranamangel, dem Mangel an Lebensenergie. Das Fleisch dieser Tiere enthält gleichsam schlechte Energie.

Pferdehalter keine Abhilfe, wird er nach gewisser Zeit nicht nur eine höhere Nervosität und Reizbarkeit bei seinem Pferd feststellen, sondern auch beobachten, wie das Fell glanzloser und struppiger wird. Kommt es immer noch nicht zur Abhilfe, können sich Anämie, Rheumatismus und Lähmungen einstellen.

Schweine

Schweine verfügen über einen sehr kleinen Energiekörper. Die Schwingungsamplitude des bioplasmatischen Körpers ist zudem sehr instabil und gerät deshalb sehr leicht aus dem Gleichgewicht, was einer sehr geringen gesundheitlichen Belastbarkeit und Widerstandsfähigkeit entspricht. Schweine gelten unter Zuchthaltern als sehr krankheitsanfällig. Schweine reagieren auf Störzonen äußerst empfindlich. Geradezu wild und aufgeregt bewegen sie sich, wenn sie mit einer geopathogenen Zone in Kontakt kommen. Aber bald ist ihre Widerstandskraft erloschen, und sie ergeben sich apathisch ihrem Schicksal. Die Fresslust nimmt dann rapide ab. Bei lang anhaltender geopathischer Belastung wurde oft eine Ferkelruhr beobachtet. Bei einem Eber ist die Zeugungskraft gefährdet, und Impotenz kann die Folge sein.

Rinder

Rinder sind sehr robuste Tiere mit einer kräftigen Aura, die sich aber nur knapp zehn Zentimeter über den Körper ausdehnt. Rinder gelten als widerstandsfähig und sind nicht leicht aus der Ruhe zu bringen. Sie haben einen guten Schutzmantel um sich. Nichtsdestotrotz spüren sie instinktiv geopathisch belastete Flächen und meiden diese hartnäckig. Bei der modernen Boxenlaufstallhaltung drängen sie sich in diesem Fall an die äußerste Wand und verharren in ihrem Schicksal.
Gelingt es ihnen nicht, einen geopathisch unbelasteten Platz zu finden, sinkt bei den Kühen die Milchleistung. Bevor man ständig den Tierarzt in Haus holt, sollte man unbedingt eine gründliche Rutenbegehung durchführen.

Ziegen und Schafe

Ziegen und Schafe haben eine relativ weich schwingende und sehr elastische Aura. Ohne sonderliche Nervosität oder Gereiztheit sammeln sie sich im Stall auf einer ungestörten Zone und quetschen sich notfalls regelrecht aneinander, ohne dabei aggressive Verhaltensweisen zu entwickeln. Lässt sich ein solcher Platz nicht finden, wird das Fell binnen kurzer Zeit stumpf, und die Ziegen geben bald schon keine Milch mehr.

Hühner

Der bioplasmatische Körper von Hühnern vibriert in sehr kurzen Wellenlängen. Hühner strahlen alles andere als Ruhe und Dickfelligkeit aus. Die geringste Störung, sei es das Klappern einer Tür oder das Umfallen eines Eimers, bringt sie aus dem Gleichgewicht und lässt eine fast hysterische Panik ausbrechen. Hühner sind außerordentlich reizempfindlich und entwickeln bei Störfeldbelastungen ein ausgesprochen aggressives Verhalten. Sie bekommen regelrecht Todesangst, flüchten in die äußersten Ecken und liefern sich erbitterte Kämpfe um die vermeintlichen Überlebensplätze. Dabei picken sie sich gegenseitig die Federn aus und bringen sich schlimmstenfalls

Die Bedrohung ihrer Fortpflanzungsfähigkeit durch Reizzonen spüren Hühner instinktiv und lässt sie mit Hauen und Stechen um das Überleben ihrer Art kämpfen.

Kühe geben weniger Milch, wenn sie in Stallungen oder auf Weiden gehalten werden, wo Störfelder aufgespürt wurden.

gegenseitig um. Diese Todesangst wird biologisch verständlich, wenn man die Eier geopathisch belasteter Hühner in der Hand hält. Die Schale ist nämlich hauchdünn, und dies bedeutet, dass die Fortpflanzungsfähigkeit bedroht ist.

Auch bei Fasanen führen Belastungen durch Reizzonen zu einer eingeschränkten Fortpflanzung.

Fasane, Enten und Tauben

Auch bei diesen Tieren lässt sich eine Bedrohung der Fortpflanzungsfähigkeit beobachten, wenn sie Störfeldern ausgesetzt sind. Fasane legen z. B. Eier mit einer derart dicken Schale, dass sie von den Küken nicht durchbrochen werden können. Bei Enten wird von völliger Sterilität berichtet. Nach der Schlachtung konnte man feststellen, dass die Eierstöcke verkümmert waren. Von Taubenzüchtern liegen Berichte vor, dass in bestrahlten Schlägen die Tauben oft von Unruhe gepackt werden, die Nester verlassen, und so das Ausbrüten der Eier misslingt.

Haustiere

Haustiere sind die Freunde des Menschen, und sie unterliegen besonders der Gefahr, dass über zu viel Häuslichkeit ihre Sensibilität und instinktive Sicherheit Schaden nimmt.

Hunde

Hunde gleich welcher Rasse verfügen ähnlich wie Pferde über eine sehr dichte und kräftige Aura. Ihre Energie schwingt aber in kürzeren Wellen. Am liebsten bewegen sie sich temporeich und temperamentvoll oder liegen platt vor der Haustür. Ruhiges Stehen oder Gehen ist nicht ihre Sache. Hunde sind Rudeltiere und geraten oft in einen großen Konflikt, wenn ihr Herrchen oder Frauchen sie auffordert, an einer bestimmten Stelle Platz zu nehmen, dieser Platz aber geopathisch gestört ist. Gut erzogene Hunde gehorchen zunächst brav, aber warten auf ein Kommando zur Erlösung von diesem schlechten Platz und schauen ihr Herrchen oder Frauchen geradezu flehentlich an. Bei länger anhaltender Belastung werden Hunde aggressiv, entwickeln Fluchtverhalten, und ihr Fell wird stumpf.

Katzen

Katzen waren schon immer irgendwie anders. Nachts werden sie putzmunter, streunen herum und dösen tagsüber am liebsten in der Sonne oder auf dem Wohnzimmersessel. Auch ihr Verhalten gegenüber Reizzonen ist seltsam. Sie suchen geradezu Plätze, die sich direkt auf einer Gitterkreuzung oder/und einer Wasserader befinden und werden nicht krank. Gleiches gilt auch für Schlangen, Eulen und Ameisen. Warum dies so ist, ist noch nicht hinreichend geklärt. Möglicherweise funktioniert bei nachtaktiven Tieren die Polarisation und Depolarisation des Energiekörpers nach entgegengesetzten Prinzipien wie beim Menschen. Katzen sind dementsprechend hervorragende Gefahrenmelder.

Wild lebende Tiere

Wild lebende Tiere sind fast ausnahmslos gesund, wenn sie nicht gerade mit Umweltgiften in Berührung kommen. Ihre Instinkte funktionieren tadellos, und sie meistern souverän alle Gefahren – auch Störzonen. Zudem leben sie vorwiegend im Wald, der sehr reich an frischer Lebensenergie (Prana) ist.

Vögel

Vögel meiden Strahlungszonen, es sei denn, sie sind als Zugvögel unterwegs. Einige Forscher vermuten, dass sich Zugvögel an den erdmagnetischen Gitterlinien orientieren.
Störche nisten nur auf Plätzen, die absolut störungsfrei sind. Störche sind sehr sensibel – auch für kleinste Belastungen.
Ziervögel, die man in der Wohnung hält, reagieren mit großer Unruhe auf Störzonen und bekommen bald Drüsenschwellungen, verlieren den Glanz ihres Gefieders, entwickeln Geschwülste und gehen ein.

Der Volksmund weiß, dass Dächer, auf denen ein Storch nistet, nie von einem Blitz getroffen werden. Wo ein Storch nistet, befindet sich also mit absoluter Sicherheit keine Wasserader unter dem Haus.

Reh und Dammwild

Die Theorie, dass sich Vögel und Bienen in ihren Flugbahnen an erdmagnetischen Gitterzonen orientieren, wird durch das Verhalten wild lebender Tiere bestätigt.
Wildwechselpfade verlaufen fast immer auf erdmagnetischen Störzonen. Möglicherweise sind das für die Tiere unsichtbare Hinweise für die nächste Wasserstelle.

Frei lebende Tiere entfernen sich instinktiv aus Störzonen.

Bei jedem lebenden Organismus, also auch bei Pflanzen, können Störfelder – besonders Wasseradern – nachhaltige Reaktionen verursachen.

Wie Pflanzen *auf* Störzonen reagieren

Auch Pflanzen, Bäume und Sträucher haben einen bioplasmatischen Körper. Dieses Energiefeld lässt sich mit ein wenig Feingefühl erspüren und mit Hilfe des geübten Drei-D-Blicks (siehe Seite 38) auch optisch wahrnehmen.
Die Dichtung aller Kulturen ist reich an Geschichten von Menschen, die unter einem Baum oder Strauch liegend Erholung und Inspiration fanden. Aber Pflanzen und Bäume strahlen nicht nur ab, sie nehmen auch die Ausstrahlung des Menschen oder ihrer Umgebung auf. Sie können das mit einer kleinen Übung sehr deutlich nachvollziehen.

Eine kleine Pflanzen-Aura-Übung

- **Bepflanzen Sie zwei kleine Töpfe jeweils zu gleichen Teilen mit Kressesamen, und stellen Sie dann diese Töpfe im Abstand von einem Meter auf ein Fensterbrett.**
- **Nun machen Sie es sich zur Gewohnheit, nur einen Topf jeden Morgen freundlich zu begrüßen. Streicheln Sie ein paar Minuten lang die unsichtbare Aura der aufkeimenden Saat im Abstand von 10 bis 15 Zentimetern. Gleiches wiederholen Sie mehrmals am Tag.**
- **Die andere Pflanze lassen Sie links liegen und geben ihr nur ausreichend Wasser. Schon nach drei bis vier Tagen werden Sie auf Ihrem Fensterbrett seltsame Beobachtungen machen können …**

Bäume und Obsthölzer

Ähnlich wie bei den Tieren gibt es auch bei den Bäumen große Unterschiede hinsichtlich ihrer Empfindlichkeit und Widerstandsfähigkeit gegenüber Reizzonen. Dies hängt unmittelbar mit der Beschaffenheit ihres bioplasmatischen Körpers zusammen.

Widerstandsfähige Bäume

Eine *Eiche* gedeiht selbst direkt über einer Wasserader und kann hunderte von Jahren alt werden. Sie wächst sehr langsam und entwickelt eine

Die Menschen wussten von alters her um die kraftvolle Aura von Pflanzen. So sind z. B. japanische Klöster eingebettet in kunstvoll angelegte Kirschbaumplantagen, und an jedem christlichen Kloster finden sich üppige Rosensträucher.

ungemein kraftvolle Aura. Im Gegensatz zu den Menschen und Tieren pulsiert der Energiekörper einer Pflanze oder eines Baumes rhythmisch gleichmäßig und lässt sich deshalb nicht leicht von erdmagnetischer Interferenz aus dem Gleichgewicht bringen. Dies ist auch der Grund, warum wir in der Natur leicht zur Ruhe finden.

Der erwähnte philippinische Heiler Choa Kok Sui empfiehlt z. B. bei vegetativer Dystonie, regelmäßig in entspannter Haltung einen großen, kräftigen Baum zu umarmen. Schon nach wenigen Minuten kann man spüren, wie sich das ruhige, kräftige Energiefeld dieses Baumes überträgt und das eigene Energie- und Körpersystem den gleichmäßigen, langsamen Tonus übernimmt. Eine Eiche eignet sich dazu besonders gut. Auch eine *Kastanie* hat eine sehr starke und dichte Aura. Sie ist ebenfalls sehr widerstandsfähig gegenüber geopathischen Reizzonen und setzt sich mit ihrer Aura gegen gestörte Energiefelder sehr gut durch. Darum werden in der Volksheilkunde auch (heiße) Kastanien zur Behandlung verschiedenster Erkrankungen eingesetzt.

Bäume mit sichtbarem Krebsbefall am Stamm.

Zur Gruppe der reizzonenwiderstandsfähigen Bäume zählen auch die *Lärche*, die *Kiefer*, die *Tanne* und der *Ahorn*. Sie zeigen möglicherweise aber Risse in ihrer Rinde auf, wenn sie direkt über einer Störzone ihren Platz haben.

Krebsanfällige Bäume und Obsthölzer

Zellwucherungen über geopathischen Reizzonen finden sich insbesondere bei der *Linde*, der *Buche*, der *Birke* und der *Ulme* und bei vielen *Obsthölzern*. Es kommt dann zu Wucherungen, Drehwuchs oder Stammteilungen. Aber in der Regel überleben diese Bäume den Krebsbefall, wenngleich sie auch nicht die normale Größe erreichen und insgesamt anfälliger sind für Schädlinge.

Auch in diesem Fall liegt, wie beim

Menschen, eine Schwächung des Immunsystems vor.

Der Fruchtertrag bei Obsthölzern wie Johannisbeere, Himbeere und Brombeere ist geringer als bei vergleichbaren Gewächsen auf störungsfreien Plätzen. Sie treiben zwar reichlich Blüten, aber schlimmstenfalls findet sich nicht eine einzige Frucht, oder diese sind unverhältnismäßig klein und mit Narben überzogen. Dies ist besonders bei Erdbeeren und Kirschen zu beobachten.

Sollten Sie in Ihrem Garten einen Baum mit Krebsgeschwüren und Ertragsdefiziten haben, hilft nur Umpflanzen.

Apfel- oder Birnbäume gedeihen hingegen geradezu üppig, wenn man sie auf eine geopathische Reizzone pflanzt.

Getreide und Gemüse

Ähnlich den Obstbäumen und -hölzern ist auf Reizzonen auch der Ertrag von Gemüse und Getreidepflanzen oft unbefriedigend. Weizen, Gerste, Roggen, Hafer, Mais und Kartoffeln entwickeln nicht ihre normale Pflanzengröße, altern vorzeitig und zeigen sich anfällig für Schädlingsbefall. Auch Bohnen, Linsen, Erbsen, Blumenkohl, Gurken, Brokkoli, Kohlrabi und Radieschen sind sehr reizempfindlich. Sie bilden Risse, Verwachsungen oder platzen auf.

Zwiebeln, Möhren, Sellerie und Zucchini sind dagegen relativ resistent. Hervorragend gedeihen *Gewürz-* und *Heilkräuter* wie z. B. Petersilie, Borretsch oder Thymian auf Reizzonen. In der freien Natur wachsen Heilkräuter meist auf strahlungsintensiven Zonen und sind ein sicheres Indiz für eine unterirdische Wasserader. Besonders die Brennnessel liebt diese Plätze und erreicht dort eine Höhe von über einem Meter.

Mit relativ robusten Pflanzen und Heilkräutern können Sie in ihrem Garten die aufgespürten Reizzonen durchaus sinnvoll nutzen.

Sträucher und Blumen

Gartensträucher sind relativ unempfindlich gegenüber Reizzonen. Sie wachsen auf ihnen eher in die Breite als in die Höhe. Eine Ausnahme bildet der Holunder. Er reagiert heftig und kann eingehen. Rhododendron, Birke und Trauerweide hingegen gedeihen auf Reizzonen ausgesprochen gut.

Sie werden sehr schnell bemerken, wie sich Ihr Wohlbefinden und Ihre Leistungsfähigkeit verbessern, wenn Sie einen frischen Blumenstrauß auf Ihrem Schreibtisch stehen haben.

Gartenblumen

Narzissen, Gladiolen, Rosen, Tulpen und die meisten anderen Gartenblumen haben auf Reizzonen Mühe, ihre Pracht voll zu entfalten. Man bepflanzt diese Stellen besser mit Bodengewächsen, die widerstandsfähig gegenüber Reizzonen sind.

Schnittblumen

Schnittblumen in der Wohnung lassen auf Reizzonen bald ihre Blätter hängen und verlieren ihre Blüten. Spätestens nach drei Tagen neigt sich die Pracht nach unten – allen Düngebeigaben zum Trotz. Da hilft nur ein Standortwechsel.
Äußerst sensibel auf Reizzonen reagieren Zimmerlinden. Sie bekommen sehr schnell eine Braunfärbung und lassen die Blätter hängen. Zimmerpalmen und Gummibäume halten sich tapferer, die Blätter bleiben allerdings im Wuchs zurück, und das Blattwerk ist nicht so dicht und üppig, wie es sein sollte.

Blumen im Haus

In modernen Häusern, die mit viel Stahlbeton errichtet wurden und deren Wohnungen vielleicht auch noch mit zahlreichen elektromagnetischen Reflektoren ausgestattet sind (Metallmöbel, Elektrogeräte, PC etc.) gedeihen Schnittblumen und Zimmerpflanzen deutlich schlechter als in Altbauten oder modernen baubiologisch konzipierten Häusern. Gleichwohl lässt sich mit Pflanzen und frischen Blumen viel negative Raumenergie kompensieren. Das elektromagnetische Feld wird ausgeglichener, und mehr frische Pranaenergie steht zur Verfügung.

Blumen am Arbeitsplatz

Wer seinen Arbeitsplatz in einem modernen Bürohochhaus hat, sollte unbedingt eine Rutenbegehung machen und sich auf jeden Fall mit reichlich Pflanzen umgeben. Insbesondere Schnittblumen liefern sehr viel reines Prana und können in ganz erheblichem Maß den Mangel in nahezu perfekt isolierten und klimatisierten Gebäuden ausgleichen.
Nicht von ungefähr bringt man auch Kranken gerne einen Strauß frische Blumen mit. Intuitiv spüren wir, dass dies dem Kranken gut tut – und es ist aus Sicht der Pranaheilkunde auch tatsächlich der Fall.

Wachstumsverhalten auf geopathischen Reizzonen

	gedeiht besser	neutral	gedeiht schlechter
Ahorn	x		
Apfel	x		
Aprikose			x
Birke	x		
Birne	x		
Bohne	x		
Buche			x
Eiche	x	x	
Erbsen			x
Erdbeeren			x
Erle	x		
Gurken		x	
Himbeeren			x
Holunder	x		
Kastanie	x		
Kohlrabi		x	
Linde			x
Möhren	x	x	
Pflaume	x		
Rhododendron		x	
Salat		x	
Schnittblumen			x
Stachelbeeren	x		
Tomaten			x
Weide	x		

Einen schnellen Überblick können Sie sich mit Hilfe dieser Liste verschaffen.

Der Grund für gereizte Gespräche, unruhigen Schlaf, Wasser in den Beinen und vieles mehr können auch Gitternetze sein.

Störzonen *in der* Wohnung suchen

Wenn Sie das Grundstück, auf dem sich Ihr Haus oder Ihre Wohnung befindet, bereits untersucht haben, können Sie jetzt schon folgende Fragen beantworten:

- Ist dort eine Wasserader?
- Sind Gitterkreuzungen möglich?
- Gibt es weitere Störquellen?

Bevor Sie mit der Rutenuntersuchung Ihrer Wohnung beginnen, ist es ratsam, zunächst einen detaillierten Grundriss (siehe Seite 57) aufzuzeichnen und darin insbesondere die Standorte von Schlaf- und Sitzmöbeln zu markieren.

Sollten Sie Haustiere haben, tragen Sie auch deren Schlafplätze in den Grundriss ein. Ebenso verfahren Sie mit Elektrogeräten, Lampen, Schaltkästen, Heizungsanlagen etc. Denn anders als in der freien Natur hat man es heute in geschlossenen Räumen oft mit der Strahlung elektromagnetischer Wellen, dem so genannten Elektrosmog, zu tun. Auch dieser ist nicht unerheblich hinsichtlich der gesundheitlichen Belastung. Ähnlich wie bei der Grundstücksbegehung ist auch bei der Rutenuntersuchung der Wohnung eine dreimalige Begehung sinnvoll.

Das kleine Gitternetz in Ihrer Wohnung

Suchen Sie zunächst nach den Feldlinien des kleinen Gitternetzes. Auch diese sind für die Gesundheit und das Wohlbefinden nicht unerheblich. Grundsätzlich lässt sich sagen, dass Erdstrahlen einen größeren Einfluss auf den Körper haben, wenn dieser sich in einem ruhenden, passiven Zustand befindet. Aktivität verursacht ein starkes energetisches Feld und drängt Fremdeinflüsse ab.

Es gibt Menschen, die sehr unmittelbar auf kleinste Strahlungen reagieren, und solche, deren »dickes Fell« vieles abprallen lässt.

Die magnetischen Felder

Nehmen Sie Ihre Winkelrute in die Hände, entspannen Sie sich, und gehen Sie in Bahnen jeden Raum ab.

- Markieren Sie die Stellen, an denen sich die Winkel kreuzen oder in eine Drehbewegung gehen.
- Stoßen Sie auf Stellen, an denen sich eine besonders starke Rutenreaktion zeigt, dann notieren Sie das.
- Wenn Sie diese Begehung abgeschlossen haben, können Sie zur Überprüfung noch einmal quer zu Ihren ersten Wegen den Raum mit der Rute abschreiten.
- Messen Sie nun die Markierungs-

punkte mit dem Zollstock aus, und zeichnen Sie Ihr Ergebnis ein.
Ihre Zeichnung vor Augen stehen Sie jetzt wieder vor einem kleinen Suchbildrätsel. Die Frage ist zunächst, ob sich die Markierungspunkte zu einem Gitternetzmuster verbinden lassen. Es dürfte Ihnen nicht sonderlich schwer fallen, das Hartmann-Gitter (2,50 m x 2,00 m) zu identifizieren.

Mit viel Sport, gesunder Ernährung und gezieltem Ch'i-Training (Tai Ch'i/Quigong/Yoga) kann man Krankheiten zwar sehr gut entgegenwirken, aber ein sicherer Schutz ist dies nicht.

Wasser in den Beinen

Viele – insbesondere ältere – Menschen klagen über Wasseransammlungen in Beinen und Füßen. Ursache ist oft eine eingeschränkte Nierenfunktion. Mögliche Ursache: Der Betreffende hält sich zu lange auf erdmagnetischen Störzonen auf.

Auf dem Sessel kleben

Steht über einem solchen Kreuzungspunkt der Fernsehsessel, dann spürt man leicht Anwandlungen, den Sessel nicht mehr verlassen zu wollen. Hintergrund ist auch in diesem Fall, dass die konzentrierten erdmagnetischen Kräfte an den Gitterkreuzungen Ihren Körper durchdringen und Sie darüber gleichsam magnetisch fesseln.

Das große Gitternetz zu Hause

Aufgrund der Ausdehnung des großen Gitternetzes (Benker'sches Kubensystem) ist die Ortung und vor allem das Zusammentreffen und Überlappen mit dem kleineren Gitternetz (Hartmann-Gitter) nicht ganz einfach zu lokalisieren. Das große Gitternetz umfasst Quadrate von 10 m x 10 m. Die einzelnen Brechungslinien haben eine Strahlungsbreite von ca. einem Meter und verlaufen relativ präzise in Nord-Süd- beziehungsweise Ost-West-Richtung. Die Feld- und Brechungslinien des kleinen Gitternetzes verlaufen in gleicher Richtung, haben aber nur eine Länge von 2,5 Metern (Ost-West-Richtung) beziehungsweise zwei Metern (Nord-Süd-Richtung). Die Strahlungsbreite beträgt etwa 20 Zentimeter. Um Klarheit in die erdmagnetische Feldstruktur Ihrer Wohnung zu bekommen, machen Sie am besten eine zweite Begehung.

Doppellinien und Kreuzungen erfassen

- Halten Sie die Winkelrute über einen Markierungspunkt, und bewegen Sie sie in alle seitlichen Richtungen, um die Strahlungsbreite auszuloten.

- Beobachten Sie genau, an welcher Stelle die Rutenreaktion aufhört.
- Reagiert die Rute nur in einem Durchmesser von ca. 20 Zentimetern, haben Sie es mit einer Kreuzung oder Feldlinie des kleinen Gitters zu tun. Reagiert die Rute in einer deutlich größeren Spannweite, liegt eine Feldlinie oder Kreuzung des großen Netzes vor.
- Versuchen Sie jetzt den Linienverlauf zu orten. Gehen Sie langsam von Ihrem Markierungspunkt nur in die Richtung weiter, in der die Rute aktiv bleibt; bewegen Sie diese leicht seitwärts hin und her im Umfeld der angenommenen Strahlungsbreite. Die Rute entwickelt dann möglicherweise ein leicht nach vorn drängendes rollendes Verhalten. Ein Zeichen, dass Sie auf der richtigen Spur sind.
- Untersuchen Sie auf diese Weise alle Feldlinien Ihrer Wohnung. Wählen Sie als Ausgangspunkt die markierten Kreuzungspunkte Ihrer ersten Wohnungsbegehung.
- Tragen Sie Ihre Ergebnisse wieder in die Zeichnung ein.

Gefährliche Gitterkreuzungen und Doppellinien

Bei einem großen Haus, einer großen Wohnung oder Bürofläche werden Sie es unweigerlich mit dem »großen Netz« zu tun bekommen. Das geopathische Gefährdungspotenzial ist damit schon erheblich größer. Dies gilt besonders dort, wo sich die Kreuze des kleinen und des großen Netzes überlappen, aber auch da, wo sich ihre Linien doppeln. Ihre Zeichnung müsste jetzt schon darüber Aufschluss geben, wo dies der Fall ist.

Kreuzungspunkte des kleinen und großen Gitters werden von vielen Geopathologen als Krebspunkte bezeichnet, und sie haben damit wahrscheinlich Recht.

Unruhiges Schlafen

Verläuft eine solche Doppellinie unter Ihrem Schlafplatz, werden Sie wahrscheinlich mit erheblichen Einschlafschwierigkeiten zu kämpfen haben, oder Sie wachen auf und haben das Gefühl, auf die Toilette gehen zu müssen, obgleich die Blase leer ist. Schlafen Sie gar auf einer Doppelkreuzung, dann nimmt Ihr bioplasmatischer Körper Schaden. Er entwickelt über kurz oder lang ein unruhiges Schwingungsverhalten und verliert seine natürliche Polarisation. Sie fühlen sich dann chronisch schlapp und müde, kommen trotzdem aber irgendwie nicht zur Ruhe. Hält dieser Zustand über Jahre an, können Krankheiten in den bestrahlten Körperregionen auftreten.

Gereizte Kommunikation und anderes

Das Zusammensein an belasteten Plätzen in der Wohnung hat immer eine gewisse Unruhe und Gereiztheit, die mancher mit übermäßigem Alkoholgenuss zu kompensieren sucht. Streitgespräche und Auseinandersetzungen können dort regelrecht eskalieren.

Verläuft in Ihrer Wohnung eine Doppellinie unter ihrem Küchen- oder Esstisch, werden Sie beobachten können, dass die Gespräche schnell hitzig werden, und man sich nach der Mahlzeit nicht gerne länger an diesem Tisch aufhält. Und wenn im Wohnzimmer eine Doppellinie verläuft oder sich gar ein Doppelkreuz befindet, kommt nur schwer Gemütlichkeit auf.
Verlaufen Doppellinien im Flurbereich, dann werden Sie nur selten beobachten können, dass dort Flurplaudereien stattfinden. Und auch für Verkaufs- oder Beratungsräume sind erdmagnetische Doppellinien oder Kreuzungen sehr ungünstig.

Sonstige Störzonen

Ähnlich wie bei der Grundstücksbegehung sollten Sie mit Hilfe der einhändigen Pendelrute anschließend bei einer dritten Begehung jene Störzonen identifizieren, die sich nicht mit den Auswirkungen der Gitternetze erklären lassen.
Wichtig ist, ob sich Wasseradern oder geologische Verwerfungen unter Ihrer Wohnung befinden.

Weitere Strahlungsfelder aufspüren

- Beginnen Sie mit einer mentalen Programmierung, und formulieren Sie die Frage: »Befinden sich in dieser Wohnung noch sonstige Strahlungsfelder, die für das Wohlbefinden abträglich sind?«
- Gehen Sie intuitiv durch die Wohnung, und warten Sie, was geschieht.
- Zeigt die Pendelrute eine Jaantwort an, können Sie wieder um eine differenzierte Antwort bitten. Wählen Sie dieses Mal eine Skala von 1 bis 7, um das Niveau der Beeinträchtigung einschätzen zu können.
- Notieren Sie die Anzahl der Ausschläge, und übertragen Sie diese in Ihren Grundriss.
- Überlegen Sie nun, womit diese Strahlung zusammenhängen könnte. Besonders zu beachten sind alle Metallgegenstände und Elektrogeräte.

Handelt es sich um Elektrosmog?

- Um diese Frage beantworten zu können, unterbrechen Sie die Stromzufuhr am Hauptschalter und pendeln erneut. Zeigen sich deutlich andere Ausschlagwerte? Wenn ja, dann wissen Sie jetzt, dass Sie es mit einer Belastung durch Elektrosmog zu tun haben.
- Stellen Sie sich dann mitten in den Raum, halten Sie die Rute locker in der Faust, und bitten Sie Ihr Unterbewusstsein um Orientierung, in welche Richtung Sie gehen sollen, um die stärksten Elektrosmogherde zu finden. Bewegen Sie sich langsam um die eigene Achse (Linksdrehung).
- Verharren Sie ruhig, und warten Sie, bis eine Reaktion kommt.
- Folgen Sie nun der Rutenausrichtung. Sie werden dann auf den Elektrosmogverursacher stoßen.

Handelt es sich um erdmagnetische Reflexionen?

Hängt die Störzone mit einer erdmagnetischen Reflexion zusammen, zeigen sich keine veränderten Pendelausschläge bei Abschaltung der Stromzufuhr. Jetzt gilt es, die Reflektoren für erdmagnetische Strahlungen in Ihrer Wohnung ausfindig zu machen. Dies können alle Metallgegenstände wie z. B. Lampen, aber auch in den Wänden und Decken verbaute Stahlträger und -gitter sein. Zur Klärung benutzen Sie wieder Ihre einhändige Pendelrute wie schon zuvor bei der Untersuchung des Elektrosmogs.

Beispiel eines Wohnungsgrundrisses mit Gitternetzen und Elektrosmog, Wasseradern und erdmagnetischen Strahlungen.

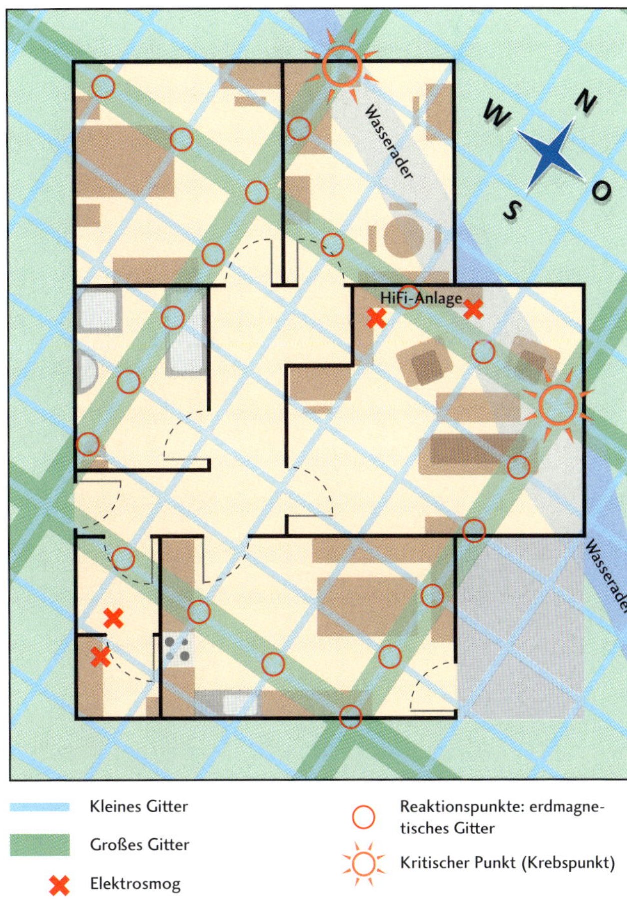

Verbinden Sie die Erkenntnisse über Ihre Wohnung mit der chinesischen Kunst des Wohnens und Bauens.

Rutengehen *und* Feng Shui

In den letzten drei bis vier Jahrzehnten sind aus dem östlichen Kulturkreis eine Vielzahl von Künsten, Weisheiten und Erfahrungsschätzen zu uns in die westliche Welt gelangt. Ob Yoga, Tai-Ch'i, Akupunktur oder Ayurveda – sie haben mittlerweile ihren Platz auch in unserem Kulturkreis gefunden und erfreuen sich größter Wertschätzung bei einer Vielzahl von Menschen. Seit einigen Jahren erlebt die *chinesische Kunst des Wohnens und Bauens* – Feng Shui genannt – regelrecht einen Boom bei uns, so dass sogar große Einrichtungshäuser inzwischen Feng-Shui-Beratung anbieten. Was hat es damit auf sich, und müsste man dort nicht auch das Phänomen des Rutengehens und der Erdstrahlen kennen? Mit diesen Fragen wandte ich mich an die Hamburger Architekten und Feng-Shui-Berater *Steffen Gill* und *Dev Dockendorf* und bat sie, für dieses Buch ein Kapitel zu schreiben. Hier ihre interessanten Ausführungen.

Yin und Yang

In den Augen der chinesischen Philosophie und Welterfahrung existiert Leben immer zwischen zwei Polen: Yin und Yang, Plus und Minus, aktiv und passiv, Himmel und Erde, Mann und Frau, Tag und Nacht usw. In diesem Spannungsfeld bewegt sich die alldurchdringende Lebensenergie – das Ch'i. Physikalisch messbar gibt ein Gleichspannungsfeld zwischen Himmel und Erde etwa 200 Volt. Und für unser Leben ist die Spannung von großer Bedeutung. Elektrische Impulse steuern unsere Körpermotorik; mit dem EEG (Elektroenzephalogramm) können wir diese Ströme sogar sichtbar machen. Es gibt heute sogar schon Körperprothesen, die durch Nervenimpulse gesteuert werden.

Auch hinsichtlich des Feng Shui geht man von einer alles umfassenden Lebensenergie aus, die je nach Lage gestört oder unterstützt werden kann.

Gutes und schlechtes Ch'i

Das Ch'i fließt durch unseren Körper in den Meridianen. Es gibt ein positives *Sheng-Ch'i* und ein negatives *Sha*. Das positive wirkt stärkend auf den Organismus, während man das negative an seiner destruktiven Wirkung erkennt.

Nährendes Sheng-Ch'i finden wir z. B. in der Natur an Wasserquellen oder bei grünen, saftigen Wiesen im Sonnenlicht. Sha hingegen schadet der Gesundheit und drückt sich aus durch z. B. schlechten Geruch, Gifte, Lärm, Geschwindigkeit, scharfe und bedrohliche Objekte.

Der Lopan – die chinesische Rute

Um das Lebensumfeld nach Feng Shui zu bewerten, wird seit Jahrtausenden ein Feng-Shui-Kompass, ein so genannter Lopan, eingesetzt. Dieses Instrument besitzt die Fähigkeit, zum einen oberirdische, zum anderen unterirdische Einflüsse auf das menschliche Leben zu messen und zu beschreiben.

Der Feng-Shui-Kompass – der Lopan

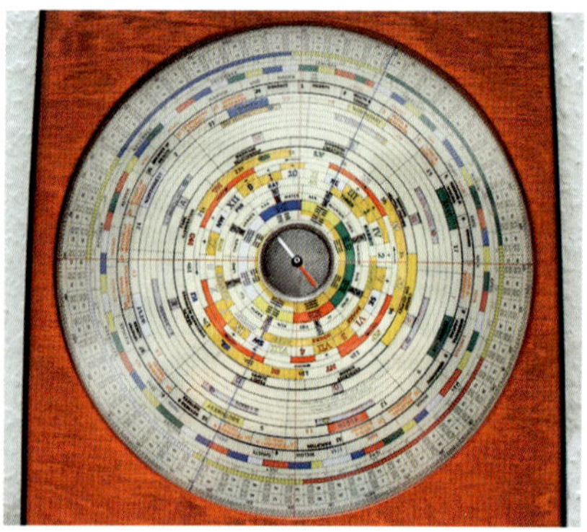

Oberirdische Einflüsse

Der oberirdische Einfluss ist vor allem bestimmt durch die Stellung der Himmelskörper, die Jahreszeit und die Ausrichtung zur Himmelsrichtung. Der Lopan zeigt nun anhand verschiedener Ringe und Segmente auf, wann z. B. ein günstiger Zeitpunkt für den Bau eines Hauses auf einem bestimmten Fleck Erde ist. (In der chinesischen Baukunst haben auch Häuser ein Geburtsdatum und unterliegen insofern den astrologischen Einflüssen ebenso wie der Mensch.)

Unterirdische Einflüsse

Neben diesen oberirdischen Tendenzen misst der Lopan auch Anomalien des möglichen Baugrundes, also Ungleichmäßigkeiten des Erdmagnetfeldes. Stellt man auf unbebautem Grund starke Anomalien fest, versucht man diesen Ort zu meiden oder plant dort selten benutzte Räume ein.
Das Herz des Lopans ist zweifellos der Kompass – für dessen Erfindung die Chinesen übrigens verantwortlich sind. Um einen Baugrund oder ein Gebäude auf erdmagnetische Anomalien zu untersuchen, benutzt man nachfolgende Technik.

Wie der Lopan funktioniert

Der Lopan wird über eine Schiene über das Messfeld gezogen. Der Abstand beträgt einen halben Meter. Weicht nun an dieser Messlinie die Kompassnadel von der Nord-Süd-

Achse um mehr als drei Grad ab, notiert man dies auf der Karte oder dem Grundriss mit einem gelben Punkt. Mit einem orangenen Punkt kennzeichnet man eine schwache Anomalie zwischen vier und zehn Grad. Ein Abweichen von zehn Grad und mehr wird mit einem roten Punkt markiert. Diese rot markierten Plätze auf dem Plan sind unbedingt zu vermeiden. Bei Abweichungen im orangenen Bereich ist Vorsicht geboten. Natürlich kann es sich bei diesen Magnetfeldstörungen zum Beispiel auch um ein elektromagnetisches Feld einer Elektrozuleitung handeln. Um einen solchen Einfluss von einer Störung im Untergrund zu unterscheiden, wendet man folgende Technik an: Bewegt man an einem gestörten Punkt den Lopan vertikal über der Anomalie, verändert sich der Wert bei einer Störung aus dem Untergrund nicht. Bewegt sich die Nadel, befindet sich meist in der näheren Umgebung ein Magnet, eine elektrische Leitung oder ein Stromverbraucher.

Feng Shui geht – anders als das Rutengehen – weit über das Auffinden von unterirdischen Störfeldern hinaus. Es versucht das Haus oder den Raum so zu gestalten, dass gutes, gesundes Sheng-Ch'i sich optimal entfalten kann und schlechtes, verbrauchtes Sha den Raum schnell wieder verlässt.

Den Fluss des Ch'i lenken

Unsere Umgebung wirkt mit ihrer ganzen Vielfalt auf unseren Körper und unseren Geist ein. Erst gestalten wir unsere Umwelt, dann gestaltet unsere Umwelt uns – oder war es umgekehrt? Wir bauen ein Haus, oder wir suchen uns eins aus, um dann darin zu wohnen. Unsere Bedürfnisse, Vorlieben und Ansprüche prägen unsere Entscheidung. Ist das Wohnzimmer groß genug, steht das Schlafzimmer in der richtigen Zone des Hauses – ohne ein geopathisches Störfeld unter dem Bett? Passt die Hausform in die Gegend, und wie fühlt sich insgesamt die Grundstücksenergie an?

Vielerlei Gedanken beschäftigen uns, wenn wir ein Haus bauen, kaufen oder einfach nur in eine andere Wohnung umziehen wollen.

Mit Hilfe von Feng Shui können Sie Ihre Wohnung oder Ihr Haus so gestalten, dass negative Einflüsse weitestgehend ausgeschlossen werden.

Neben den negativen erdmagnetischen Strahlungen und Wasseradern nimmt alles um Sie herum in Ihrer Wohung auch Einfluss auf positive Energieströme.

Nichts ist ohne Wirkung

Ist der Umzug vollbracht, geht es an die Inneneinrichtung. Wie es dann nachher aussieht, spiegelt nicht nur unseren Geschmack (und vielleicht auch Geldbeutel) wider, sondern prägt auch unser weiteres Wohnen und Leben. Denken Sie nur an die Bilder oder Plastiken, die Sie verwenden. Es werden nicht nur Farben und Formen transportiert, sondern auch Stimmungen, Energien und individuelle Geistesverfassungen.
Welche Atmosphäre kreiert beispielsweise der »Schrei« von Edward Munch im Gegensatz zu einem von Kindern gemalten Bauernhof.
Aber auch Möbel sind Energieträger: Der Glastisch mit Edelstahlbeinen beispielsweise kühlt die Atmosphäre ab und unterstützt Durchsichtigkeit. Ein erdfarbenes Sofa hingegen bringt Ruhe und Geborgenheit in den Raum. Die Feng-Shui-Wohnkunst verfügt über ein ungeheuer weit reichendes und differenziertes Wissen, wie was auf den Mensch wirkt, das wir uns heute zunutze machen. Voraussetzung ist aber immer ein Vermeiden oder Abschirmen von erdmagentischen Anomalien – ob man dazu den Lopan oder die Rute benutzt, spielt keine erhebliche Rolle. In der modernen Baubiologie wird zumeist mit der Rute gearbeitet, weil sich die Feldverteilung leichter ermitteln lässt und die Handhabung ein wenig einfacher ist. Wer weiß, vielleicht gelangt ja irgendwann auch die westliche Baubiologie nach Shanghai oder Hongkong? Doch zurück zum Feng Shui. Damit Sie einmal eine konkrete Vorstellung davon bekommen, mit welchen Feng-Shui-Mitteln sich positives Ch'i in einem Raum aufbauen lässt, stellen wir Ihnen im Folgenden die Analyse und Bewertung eines Büros vor.

Bürogestaltung nach Feng Shui

Was ist in einem Büro zu beachten? Zuerst interessiert natürlich die Position des Hauses im Stadtteil. Wie ist das Gesamtenergiefeld? Viel Straßenlärm, starke Abgase, dunkle Ecken lassen auf eine hohen Belastung durch schlechtes Sha schließen. Viel Grün, viel Wasser, wenig Lärm, viel runde Formen (Jugendstil!) offenbaren ein gutes Sheng-Ch'i. Aber oft hat man natürlich nicht die

Wahl, sei es aufgrund des Geldbeutels oder auch, weil man einen Standort mit einer bestimmten Kundennähe benötigt. Wie auch immer – mit einer Innengestaltung nach Feng-Shui-Regeln lässt sich viel bewirken. Das zeigt die Analyse des auf Seite 65 skizzierten Büros.

Gutes Ch'i vor dem Eingang sammeln!

Im Eingang zum Haus sollte sich eine große Tür befinden, gut sichtbar, hell und leicht zu bewegen. Direkt vor dem Büroeingang befinden sich Willkommenssignale (E). Ein roter Teppich begrüßt den Kunden. Pflanzen und frisches Wasser unter Verwendung eines Brunnens sammeln Ch'i im Eingang.

Auch Pflanzen ziehen Ch'i an, reinigen die Luft und schaffen somit eine gute Atmosphäre. Sie erinnern sich sicherlich daran, als Sie das letzte Mal mit Blumen beschenkt wurden. Je mehr gutes Ch'i sich vor dem Eingang sammelt, umso mehr kann sich innerhalb der Räume verteilen.

Schilder leiten Energie genauso wirksam wie Bilder mit Motiven, die sich in die gewünschte Richtung bewegen. Genügend Licht zieht nach oben und wirkt reinigend wie das Feuer (dunkle Ecken sind Schmutzsammler).

Eine freundliche Fußmatte – vielleicht mit dem »Welcome«-Schriftzug – wirkt hier genauso einladend wie das freundliche Lächeln der Person, die die Türe öffnet.

Schutz und Harmonie im Wartebereich

Der Wartebereich (D) für den Kunden steht im Diagramm des Lopan im Feld »Beziehung/Kinder« und ist damit gut platziert. Ein Aquarium füllt den Raum mit Leben und beruhigt mit der sanften Bewegung der Fische. Die scharfe Ecke links daneben wirkte allerdings verletzend und wurde deshalb durch eine Pflanze gemildert. Der Empfangstresen gibt Überblick in den Raum. Das Fenster im Rücken ist hier allerdings ungünstig. Um das Gefühl eines sicheren Arbeitsplatzes zu haben, sollte sich etwas Stabiles im Rücken befinden. Ein Gemälde mit dem Motiv einer Schildkröte oder eines Berges steht sinnbildlich für Schutz von hinten und stärkt gewissermaßen den Rücken.

Schon mit dem ersten Schritt in eine Wohnung oder in ein Büro machen sich positive Einflüsse bemerkbar.

Salzkristalllampen sind ideal in Büroräumen, die durch Elektrosmog belastet sind.

Planen Sie die Zimmeraufteilung eines Büros nach den jeweiligen Funktionen, die Sie oder ein Angestellter erfüllen sollen.

Glas wird dem Element Wasser zugeordnet. Glas ist durchsichtig, kalt wie Wasser und bewegt sich. Hundert Jahre alte Glasscheiben sind tatsächlich unten dicker als oben.
Wasser steht für Fließen und vermittelt insofern kein Empfinden von Halt, Schutz und Sicherheit. Zusätzlich fließt die Energie zum Fenster heraus und somit über den Arbeitsplatz hinweg.
In diesem Fall werden drei starke Pflanzen in das Fenster gestellt. Das Holzelement entzieht dem Wasser die Kraft und blockiert den entweichenden Ch'ifluss. Auch glatte, stabil stehende Steine geben die notwendige Rückendeckung.

Im Osten geht die Sonne auf und gründet der Erfolg

Das Arbeitszimmer (A) des Büroleiters befindet sich im hinteren Ostteil des Objektes. Der Osten gilt im Feng Shui als Himmelsrichtung des Reichtums und der Familie (aufgehende Sonne, aufblühendes Leben). Dieser Raum spendet die nötige Ruhe und gibt Überblick. Nur die wichtigsten Belange erreichen diesen Schreibtisch.
Eine feste Wand im Rücken und die Tür im Blick ermöglichen ein konzentriertes Arbeiten. Die Schränke an den Rückwänden wurden niedrig gehalten und mit Türen versehen, um keine Unruhe, sondern Stabilität zu schaffen.

Im Flur beschleunigt sich das Ch'i

Der Weg zu den hinteren Räumen verläuft wie auch in den meisten Büros durch einen geraden, langen Schlauch. Hier beschleunigt sich das Ch'i wie auf einer Schnellstraße und verschwindet unglücklicherweise in dem kleinen Computerraum (H). Mit einem Mobile vor der Tür wird hier der Fluss abgebremst und in die anderen Richtungen verteilt.
Der Zentralcomputer (Server) befindet sich in der Himmelsrichtung Nord/Ost, die für den Bereich des Wissens steht. Dieser Fehlbereich im Plan wird u. a. durch Spiegel im Computerraum (H) optisch ersetzt.

Im Zentrum ein Mandala

Der Flur wird mit Licht, Skulpturen und Bildern gestaltet, um hier den zu schnellen Durchfluss zu bremsen. Das

Zentrum des Büros liegt im Flur. An diesem Punkt kommen alle Energien der Himmelsrichtungen zusammen. Im Büroalltag treffen hier die Mitarbeiter aufeinander und haben die Gelegenheit, sich auszutauschen und zu plaudern.
Ein wichtiger Ort, ähnlich dem Marktplatz in einer Stadt. Hier unterstützt ein Mandala, ein energetischer Kraftkreis in Form eines Bildes oder einer Skulptur, den Zusammenhalt der Menschen und damit auch der Firma.

Im Westen über den Zaun schauen

Gemäß dem Lopan wird der Bereich im Westen der Lebenssituation »Kinder« zugeordnet.
Im Geschäftsbereich steht der Bereich Westen für den Aufbau von Filialen, aber auch für das Leben nach der Arbeit.
In dem vorliegenden Grundriss auf der rechten Seite erkennt man, dass dort ein Teil dieser Lebenssituation fehlt. Dieser Bereich sollte unbedingt in den nach Westen ausgerichteten Segmenten der einzelnen Büroräume aktiviert werden.

Mögliche Fehlplanungen kompensieren

Im Raum (C) ist der Arbeitsplatz 1 sehr ungünstig, denn die für diesen Raum bestimmte Arbeit landet auf diesem Schreibtisch und der Stuhl befindet sich dort ziemlich ungeschützt mitten im Weg. Arbeitsplatz Nummer 2 befindet sich in einen Durchzug von der Tür zum Fenster.

Die Raumaufteilung eines Büros unter Feng-Shui-Aspekten.

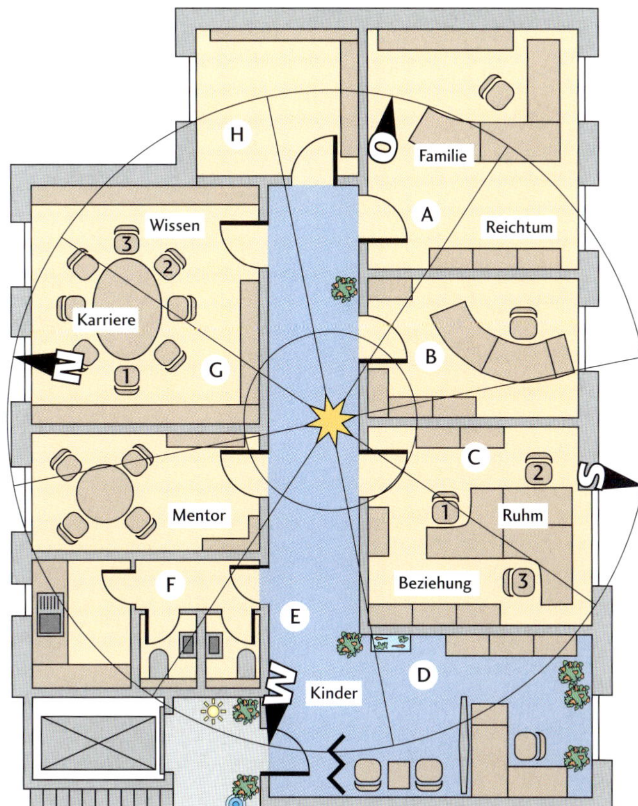

Platz Nummer 3 hat in diesem Raum den ruhigsten Tisch mit dem besten Überblick.

In dem großen Besprechungsraum (G) sollte der Chef auf Platz Nr. 1 sitzen und die Plätze 2 und 3 unbedingt meiden.

Der Toilettenraum liegt zu dicht an der Pantry. Toilettengerüche gehören nicht in die Nähe der Nahrungszubereitung. Hier ist eine gute Abluft erforderlich und eine energetische Trennung durch kleine Spiegel an den Türinnenseiten notwendig. Auch in diesem Fall helfen Pflanzen, die Luft zu reinigen.

Ein Säckchen mit Salz (Yang) hält die Toilettenenergie (Yin) fest und somit die Luft frisch. Den Sack sollte man allerdings monatlich wechseln.

Sorgen Sie durch den Einsatz von Energie bindenden Hilfsmitteln wie z. B. Steinen, dass sich das positive Ch'i nicht zu schnell aus Ihren Räumlichkeiten verflüchtigt.

So weit unsere kurze Analyse und Bewertung eines Büros. Sie sehen: Mit wenigen Veränderungen und Umstellungen lässt sich schon eine Menge bewirken.

Wichtig bei allen Maßnahmen ist, dass sich das Ch'i in allen Räumen verteilen kann und nicht durch leere Gänge oder Flure eine große Beschleunigung erfährt, bevor es wieder nach draußen entschwindet. Dies macht nicht nur die Menschen unruhig, sondern verhindert auch eine optimale Aufnahme des Ch'i.

Wer einmal eine Stunde im Flur eines solchen Hauses gewartet hat, wird dies bestätigen können. Man fühlt sich schlichtweg müde und kaputt. Mangel an Ch'i ist der Hintergrund. Hat man dann vielleicht auch noch unwissend auf einer geopathischen Störzone gesessen, fühlt man sich nicht nur müde und matt, sondern auch noch genervt und gereizt.

Nicht nur Besuchern, auch vielen Behördenmitarbeitern könnte man wahrscheinlich mit wenigen Feng-Shui-Maßnahmen manchen Missmut und Ärger ersparen.

Wer die Möglichkeit hat, ein neues Haus zu bauen, der sollte als Erstes immer eine Rutenbegehung beziehungsweise eine Untersuchung mit dem Lopan durchführen lassen. Weist nämlich der ausgewählte Platz zu starke erdmagnetische Anomalien auf, wird man in dem Haus nicht zur Ruhe kommen und keinen Frieden finden. Denn Feng-Shui-Maßnahmen können erdmagnetische Störungen zwar abmildern, aber leider nicht eliminieren.

Weitere Maßnahmen zur Ch'ioptimierung

- Alle Arbeitsplätze werden mit abgeschirmten Stromleitungen versorgt.
- Die Computer werden so weit weg wie möglich von den Menschen aufgestellt.
- DECT-Funktelefone werden wegen der gepulsten Mikrowellenstrahlung nicht verwendet.
- Kein Arbeitsplatz in der Firma befindet sich in der Nähe der Hauptstromversorgung oder gar auf geopathischen Energiefeldern.
- Bei Fußbodenbelag, Wandfarbe und Möbeln wird auf schadstoffarme Materialien geachtet.
- Tote Ecken in Räumen werden mit Pflanzen, Truhen oder anderem Zierrat gefüllt.
- Pflanzen wirken stärkend und geben positives Sheng-Ch'i. Hierbei sollte man einen Pflanzencharakter auswählen, der die Aktivität der Mitarbeiter unterstützt.
- Die Möbel werden so hingestellt, dass keine Ecken (also keine geheimen Pfeile) auf einen anderen Mitarbeiter oder einen Besucher zielen.
- Verbrauchtes Ch'i sollte das Haus nicht auf dem gleichen Weg verlassen, wie es hereingekommen ist. In einem Büro sollte aus diesem Grund immer ein Fenster in den hinteren Räumen leicht geöffnet sein.

Mit Hilfe der vorliegenden Vorkehrungen können Sie das positive Sheng-Ch'i um ein Vielfaches unterstützen.

Abschirmmatten aus Kork, Zellglasplatten und Kristalle wie auch beseitigte Reflektoren schützen Sie vor Störfeldern.

So können *Sie* Abhilfe schaffen

Je mehr der Zusammenhang zwischen Erdstrahlung und Krankheitsbildung unter Rutengehern und in der geopathologischen Wissenschaft bekannt wurde, desto intensiver suchte man nach wirksamen Möglichkeiten der Entstörung und Abschirmung. Bis vor wenigen Jahren lag die einzige Hilfe in der Umstellung der Wohnung – insbesondere die Entfernung des Schlafplatzes von einem Kreuzungspunkt, einer Doppellinie oder einer Wasserader.
In den achtziger Jahren gelang dann dem Institut für Geopathologie in Kassel unter Leitung von Andreas Kopschina ein entscheidender Durchbruch. Man entdeckte ein Naturmaterial, das auf vorzügliche Weise ionisierte Erdstrahlen eliminieren kann – es handelt sich dabei um Kork.

Erdstrahlen eliminieren

Kork wird gewonnen aus der geschälten Rinde mediterraner Korkeichen. Er enthält pro Kubikzentimeter 30 bis 42 Millionen Zellen und besteht zu fast 90 Prozent aus gasförmigen Stoffen.

Abschirmmatten aus Kork

In der Baustoffkunde unterscheidet man zwischen reinem »expandiertem« Kork und »verbundenem« Kork. Beide Korksorten werden aus mehr oder weniger feinem Granulat hergestellt. Reiner Kork, wie er zum Beispiel die Fassade des portugiesischen Pavillons auf der Weltausstellung in Hannover zierte, besteht aus Korkgranulat, das mit den eigenen Harzen unter Einwirkung von Druck und Hitze verklebt wird. Verbundener Presskork ist Granulat vermischt mit anderen Stoffen wie Asphalt, Gummi, Zement, Gips, Leim, Sand, Klebstoffen u. a. Der im Handel erhältliche Kork als Bodenbelag ist fast nur verbundener Presskork, der für eine gute Trittfestigkeit und Schmutzabweisung optimal ist. Als Schutz für Erdstrahlen hat er nur eine geringe Wirkung von etwa 15 Prozent. Anders reiner Kork: Sein Wirkungsgrad erreicht etwa 95 Prozent bei gleicher Stärke! Das Belastungsniveau liegt damit innerhalb der normalen radioaktiven Grundstrahlung von zwei bis zehn Prozent. Korkabschirmmatten und -platten sind in verschiedenen Größen erhältlich (siehe Seite 95).

Dank eines hohen Gehalts an Suberin (einer Mischung aus schweren organischen Alkoholen und Fettsäuren) ist Kork undurchlässig für Flüssigkeiten und Gase.

Zellglasplatte

Mit der Entdeckung von Kork als Erdstrahlen abschirmendes Material war man in der geopathologischen Forschung einen Riesenschritt weitergekommen. Es wird heute in tausenden von Wohnungen und Büros mit uneingeschränktem Erfolg eingesetzt. Aber nun sehen in der Wohnung verteilte Korkmatten nicht gerade schön aus, und so machte man sich bald an die Erforschung eines Baustoffs, der eine hohe Festigkeit aufweist und als Schutzschicht auf Fußböden und unter Teppichböden direkt aufgebracht werden kann. Es galt, ein Material zu finden, das ebenfalls Millionen von Poren in großer Dichte aufwies, aber problemlos tritt- und einbaufähig war. Alle Versuche mit Kunststoffen wie zum Beispiel Styropor scheiterten. Schließlich hatte man Erfolg! Sand war die Lösung, jedoch nur als Ausgangsmaterial. Es entstand die Zellglasplatte.

Eine Korkeiche kann nur alle paar Jahre geschält werden.

In einer ersten Produktionsstufe wird aus Sand ein hochwertiges Glas geschmolzen, dieses dann zerkleinert und zu Glaspulver zermahlen. In einer zweiten Produktionsstufe wird dem Glaspulver Kohlenstoff zugesetzt und dann in einer Form auf ca. 1.000 °C erhitzt.

Dabei kommt es zur Oxydation des Kohlenstoffs und zur Bildung von Glasbläschen, die einen Aufschäumungsprozess auslösen, der dann eine Zellstruktur entstehen lässt.

In einem dritten, abschließenden Verarbeitungsgang wird das Material aus der Form genommen und in einem Streckofen langsam abgekühlt.

Die Strahlen blockierende Wirkung dieser Zellglasplatten steht denen der Korkmatten nur geringfügig nach und bietet einen ebenfalls hervorragenden Schutz vor ionisierenden Erdstrahlen. Erdmagnetische Interferenzen bleiben davon allerdings wie beim Kork unberührt.

Zellglasplatten eignen sich besonders für den Einbau in Neubauten oder zur Anbringung unter der Kellerdecke. Keinesfalls sollten sie aber an der Zimmerdecke eines Wohnraumes angebracht werden, weil sich sonst in

diesem Raum die Partikelstrahlen sammeln und nicht entweichen können. Im Handel sind sie erhältlich unter der Bezeichnung HWS-Zellglasplatte »Spezial« (Bezugsquellen siehe Seite 95).
Diese Zellglasplatten sind nicht zu verwechseln mit Wärmedämmplatten, obwohl viele von diesen ebenfalls auf Porenbasis basieren und quasi als Nebeneffekt auch eine Strahlen abschirmende Wirkung haben. Ihr Wirkungsgrad liegt aber weit unter dem der HWS-Zellglasplatten.

Schwingungen harmonisieren

Heute findet man zuweilen in der Esoterikbranche Angebote von speziellen Kristallen, Metallschleifen oder Nahrungsergänzungsmitteln, die wirksamen Schutz gegen Erdstrahlen verheißen. Dabei muss man wissen, dass all diese Dinge nur wirksam sind auf einer hochfrequenten Schwingungsebene. Sie können zur Harmonisierung eines Energiefeldes beitragen, ionisierende Strahlung können sie nicht eliminieren. Trotzdem sollte man die Möglichkeiten nicht unterschätzen.

Seit mehr als 30 Jahren sind Geräte im Gebrauch, die äußerlich einem kleinen, alten Radio gleichen und sich vielerorts außerordentlich gut bewährt haben, erdmagnetische Interferenzen zu neutralisieren.

Nord-Süd-Gleichrichter

Dieses Gerät besitzt ein eigenes magnetisches Kraftfeld. Es wird erzeugt durch abgestimmte Dauerstabmagnete von mehreren tausend Gauss. Dieses Kraftfeld ist in allen seinen Polaritäten konstant ausgeglichen und wird an den häuslichen Stromkreis angeschlossen – ohne dass Strom verbraucht wird. Dieses »harmonische Kraftfeld« ist damit an allen Ernergieumsätzen des Hauses angeschlossen und wirkt über die Erdung des Stromkreises auf die gesamte Wohnfläche des Hauses erdmagnetisch harmonisierend. Mit der Rute kann man dies sehr leicht testen. Durch die Eliminierung der erdmagnetischen Interferenzen ist zugleich auch die extreme Ionisierung der Erdstrahlung gebannt. Wenn eine Erdung des Stromkreises fehlt, wie in manchen sehr alten Häusern, schlägt die Rute allerdings weiter aus.

Ganz eliminieren kann man die erdmagnetischen Interferenzen und die Ionenstrahlung nicht, aber mit Hilfe eines Nord-Süd-Gleichrichters doch zumindest neutralisieren.

Bezugsadressen für den Nord-Süd-Gleichrichter finden Sie auf Seite 95. Die Anweisungen zur optimalen Platzierung sind in jedem Fall sehr genau zu befolgen.

Kristalle

Seit jeher werden Kristalle und Edelsteine in vielen Kulturen zu Heilzwecken eingesetzt. Aber worin liegt ihr Geheimnis?

Kristalle entstammen dem Schoß der Erde. Unter gewaltigem Druck und in Millionen von Jahren sind sie entstanden. In ihnen verdichtet sich Materie, bis dass sie fast wieder reines Licht und reine Energie wird. Deshalb wurden und werden Kristalle von vielen Menschen in Verbindung mit dem Göttlichen, dem Reinen und dem Ewigen gebracht. Fürsten und Könige krönten seit jeher ihre Throne und Häupter mit Edelsteinen, um ihre Aura kraftvoll zu unterstützen.

Wer einen Kristall in die Hand nimmt, spürt bald seine wohltuende Ausstrahlung. Kristalle verbreiten eine sehr feine Schwingung und sind gleichzeitig sehr empfänglich, Schwingungen aufzunehmen und zu konservieren.

Kristalle eignen sich sehr gut zur Harmonisierung von energetischen Störfeldern.

Kristalle lassen sich gut programmieren

Viele Menschen spüren diese Speicherqualität intuitiv und verschenken als Erinnerungsstück an besondere Erlebnisse einen kostbaren Stein oder gar einen Diamanten. Und so manch einer hat noch nach Jahren das Gefühl, dass beim Anschauen dieses Steines alles noch einmal ganz und gar gegenwärtig ist.

»Steine reden«, sagt der Volksmund. Und wer den Stein der Weisen gefunden hat, der hat alles Wissen der Welt gefunden ...

Von einem buddhistischen Mönch ist mir persönlich bekannt, dass er in Deutschland kiloschwere Kristalle an unfallträchtigen Straßenabschnitten vergräbt – mit verblüffendem Erfolg und ohne viele Worte. Er weiß von der Speicherkapazität der Kristalle und programmiert sie mental im Zustand tiefer Konzentration mit dem Schwingungsmuster »Harmonie und Gesundheit«. Dies funktioniert insbesondere bei einem *Rosenquarz* sehr gut, weil dieser Stein dieses Muster ohnhin schon sehr stark in sich ausgebildet hat. Aber auch der *Amethyst* und der *Bergkristall* eignen sich sehr gut zur Harmonisierung von energetischen Störfeldern.

Man sollte sich bei der Auswahl allerdings fachkundig beraten lassen, denn auch Farbe, Größe und Struktur sind nicht unerheblich für das Schwingungsverhalten.

Wer in einer erdmagnetisch unruhigen Wohnung lebt, sollte sich auf jeden Fall den Segen der Kristalle zunutze machen. Sie verändern auf sehr zarte und doch machtvolle Weise das energetische Raumklima – auch wenn sie nicht die ionisierenden Erdstrahlen eleminieren können.

Metallschleifen

Großes Aufsehen erregten vor einigen Jahren Maßnahmen des österreichischen Rutengehers und Chemikers Rudolf Wenger an einer unfallträchtigen Stelle der Autobahn Wien–Salzburg. Was war geschehen?

Ohne ersichtlichen Grund gerieten auf dieser schnurgeraden Fahrstrecke seit Jahren unverhältnismäßig viele Fahrzeuge von der Fahrbahn ab oder kamen ins Schleudern. Das Verkehrsministerium war ratlos, und die möglichen Ursachen blieben zunächst unerkannt.

Kristalle und Edelsteine haben die Eigenschaft, äußerst feine Schwingungen zu verbreiten, können aber auch solche aufnehmen.

Bergkristalle können erdmagnetische Störfelder harmonisieren.

Nicht immer sind unbedingt menschliche Fahrfehler die Ursache für Verkehrsunfälle auf den europäischen Autobahnen – auch unterirdische Wasseradern können dafür verantwortlich sein.

Als Glücksbringer bekannt besitzt das Hufeisen die Fähigkeit, belastete Zonen zu entstören.

Wenger erbot sich, den betreffenden Abschnitt mit der Rute zu untersuchen, und man ließ ihn gewähren. Dann ortete er an dieser Stelle gleich drei dicht nebeneinander liegende, unterirdische Wasseradern; für ihn war damit klar, warum es an diesem Streckenabschnitt zu derart vielen Unfällen kommen konnte. Aus einem Spezialmetall fertigte er dann Schlingen an, mit denen er die erdmagnetischen Turbulenzen neutraliseren wollte. Nachdem er diese Schlingen mit Zustimmung der Autobahnverwaltung Linz im Erdreich an den Straßenrändern direkt über den Wasseradern installiert hatte, sank das Unfallgeschehen auf das statistische Normalmaß.

Ähnlich – und mit offizieller Einwilligung – wurde mit einem unfallträchtigen Abschnitt der Autobahn Frankfurt–Mannheim (Kilometer 510 bis 520) verfahren. Trotz dieser Erfolge wird dem Rutengehen bis heute keine sonderliche Beachtung in den Verkehrsministerien und Straßenmeistereien geschenkt.

Wahrscheinlich ließen sich jährlich hunderte von Unfällen vermeiden, wenn man alle unfallträchtigen Straßenabschnitte systematisch von Rutengehern untersuchen ließe und geeignete Maßnahmen der Entstörung vornehmen würde. Doch warum sollte man damit warten, bis man den offiziellen Segen dazu hat?

Wenn Ihnen in Ihrer Umgebung so genannte Todesstrecken oder Todeskilometer bekannt sind, dann nehmen Sie sich einmal die Zeit, an einem Samstag- oder Sonntagnachmittag das Umfeld dieser Streckenabschnitte vorsichtig mit der Rute zu untersuchen.

Vielleicht werden Sie fündig. Dann lassen Sie Ihr Ergebnis von einem zweiten Rutengeher überprüfen, und melden Sie es den Behörden. Vielleicht schenkt man Ihnen Gehör und beauftragt einen ausgewiesenen Geopathologen zur Standortsanierung (Adressen siehe Seite 95).

Das Hufeisen als Entstörer?

Warum Metallschleifen erdmagnetische Interferenzen neutralisieren können, ist bis heute nicht eindeutig geklärt. Dass dem so ist, wussten schon unsere Vorfahren. Möglicherweise erhielt denn auch das Hufeisen als Glücksbringersymbol über Haus-

eingängen und Torbögen hierdurch seine Bedeutung.
Interessant in diesem Zusammenhang sind auch jene Metallkruzifixe, deren Spitze von einer Schleife eingefasst sind und die vor allem im keltischen Kulturraum auftauchen. Aus der christlichen Überlieferung ergibt sich dafür kein Anhaltspunkt. Allerdings ist bekannt, dass die Druiden – also die Schamanen und Priester der Kelten – über großes geomantisches Wissen verfügten und das Pendeln und Rutengehen praktizierten. In diesem besonderen Kreuzessymbol verbinden sich offensichtlich keltisches und christliches Traditionsgut.

Reflektoren entfernen

Wer einen Neubau plant, hat die Möglichkeit, sein Haus vollständig gegen ionisierende Erdstrahlen zu schützen und es komplett mit Zellglasplatten abzuschirmen. Der Einbau von Metallen ist dann trotzdem nicht unproblematisch, weil die erdmagnetischen Interferenzen durch diese Schutzmaßnahmen nicht aufgehoben werden, aber natürlich längst nicht mehr akut gesundheitsgefährdend sind. Es kann also trotzdem zum Aufbau von erdmagnetischen Störzonen kommen, der sich dann möglicherweise auch noch mit elektromagnetischem Elektrosmog mischt.

Waagerechte Reflexionen

Als besonders belastend für das energetische Raumklima gelten waagerechte Reflexe, die sich an Metallgegenständen teilen und den Raum mit einem Gewirr von Strahlen erfüllen. Extrem belastet sind diesbezüglich viele moderne Autoausstellungshäuser, die oft nur aus Beton, Stahl und Glas gebaut sind. Im ersten Moment fühlt man sich in solchen Räumen zwar sehr belebt und angeregt; feinfühlige Menschen verlassen sie jedoch intuitiv spätestens nach 20 Minuten. Gleiches gilt für Verkaufsräume, die hauptsächlich mit Eisen- oder Blechregalen bestückt sind. Doch das nur nebenbei.
Nachfolgend ein kleiner Überblick über alle möglichen Reflektoren, die sich in einem Haus schädlich auswirken können und besser ausgetauscht werden sollten.

Viele Gegenstände aus Metall, die heute in fast keinem Haushalt fehlen wie z. B. Lampen, Kerzenleuchter, Garderobenständer, HiFi-Anlagen und dergleichen mehr, bedingen einen elektromagnetischen Elektrosmog in Wohnungen und Häusern.

Wenn man seine Wohnung oder sein Haus einmal genauer unter dem Blickwinkel von möglichen metallenen Reflektoren untersucht, wird man sehr schnell feststellen, wie lang die Liste der potenziellen Störungsträger wird.

Mögliche metallene Reflektoren

- Kellergitter
- Treppengeländer
- Aluminiumjalousien
- Bilderrahmen
- Gardinenstangen
- Metallfassungen/-schirme von Lampen
- Bücherregale
- Garderobenständer
- CD-Ständer
- Kerzenleuchter
- Stühle/Tische
- Kleiderbügel
- Spielzeug
- Speicheröfen
- Betten/Gitterroste
- PC
- HiFi-Anlagen
- Pokale, Ehrenteller u. a.

All diese Maßnahmen, ob nun Einbau von Schutzplatten oder/und Austausch von metallenen Einrichtungsgegenständen gegen Produkte aus Holz oder Kunststoff, sind natürlich kostenaufwändig, aber es sind Investitionen, die Ihrer Gesundheit und Ihrem Wohlbefinden nachhaltig zugute kommen.

Investitionen lohnen sich

Der bereits erwähnte Geopathologe und Heilpraktiker Andreas Kopschina wurde vor einigen Jahren in einem süddeutschen Badeort von dem leitenden Arzt zu einer Reihenuntersuchung therapieresistenter Patienten hinzugezogen. Er sollte deren Schlafplätze nach möglichen geopathogenen Belastungen untersuchen. Ihm wurden zu Beginn der Untersuchung keinerlei Informationen über die Patienten gegeben, und zur Kontrolle wurde die Untersuchungsgruppe um völlig gesunde Personen erweitert. Zur Verblüffung des medizinischen Personals konnte Kopschina mit hundertprozentiger Genauigkeit die kranken Teilnehmer der Untersuchung benennen und auch die jeweils erkrankten Körperregionen angeben. Nach Durchführung von Entstörungs- und Abschirmmaßnahmen im Verbund mit einer Entstrahlungstherapie zeigten sich bei allen Patienten deutliche Genesungsfortschritte. Die meisten Patienten waren nach einigen Monaten beschwerdefrei, darunter auch solche, die unter hartnäckiger Neurodermitis, Arthritis oder Trigeminusneuralgie litten.

Checkliste zur optimalen Wohnraumsanierung

- Wenn möglich alle Metallteile im Außenbereich durch Holz oder Kunststoffprodukte ersetzen wie z. B. Metallgeländer, -jalousien, Kellergitter oder Metalldachrinnen.
- So weit wie möglich im Innenbereich Metall durch Holz austauschen; dies betrifft auch Kinderspielzeug, Kleiderbügel, Garderobenständer, Bücherregale, Bilderrahmen, Blumenkübel, Stühle, Tische etc.
- Alle Lampen mit einer Kunststofffassung ausrüsten und metallene Lampenschirme durch Fabrikate aus Glas, Kunststoff oder Naturmaterialien ersetzen.
- Alle Elektrospeicheröfen in der Wohnung sind mit Korkmatten zu unterlegen. Wasser führende Zentralheizungskörper gelten als unbedenklich.
  Hinsichtlich der Einschätzung von Fußbodenheizungen ist man noch relativ unsicher. Manche Benutzer dieser Heizungsform klagen über »dicke« Füße – möglicherweise ein Hinweis auf starke erdmagnetische Belastungen.
- Alle Spiegel haben eine Metallhinterlegung und sind deshalb als sehr wirksame Reflektoren einzustufen. Nun kann man nicht auf Spiegel verzichten, und im Sinn der Feng-Shui-Raumgestaltung haben sie durchaus auch eine positive Wirkung auf den Fluss der Raumenergie (Ch'i). Wie kann man Abhilfe schaffen?
  Empfehlenswert ist, unter dem Spiegel auf dem Fußboden eine kleine Korkabschirmmatte zu platzieren (eventuell unter dem Teppich). Sie sollte eine Breite von 20 bis 30 Zentimetern haben und bündig an der Wand abschließen.

Die Durchführung von Entstörungs- und Abschirmmaßnahmen kann unter Umständen recht kostenintensiv werden, was aber hinsichtlich möglicher Erkrankungen durchaus sinnvoll ist.

Spüren Sie die geopathischen Ursachen Ihrer Erkrankung auf, entgiften Sie Ihren Körper, und sorgen Sie für Regeneration!

Heilung *geopathogener* Erkrankungen

Die herkömmliche Medizin erkennt Krankheiten erst, wenn sie sich körperlich manifestiert haben. Am augenfälligsten ist dies bei Krebs. Wird in der Vorsorge z. B. ein Krebsknoten von nur einem Zentimeter Größe lokalisiert, so enthält dieser Krebsknoten bereits ca. 1 Milliarde (!) Krebszellen. Das Immunsystem ist zu diesem Zeitpunkt längst kollabiert, und bis zu diesem Zusammenbruch sind in der Regel bereits drei bis zehn Jahre ins Land gezogen. Der wahrscheinliche Krankheitsauslöser – nämlich eine geopathische Belastung – wird in der Regel von der herkömmlichen Medizin nicht erkannt, und ihr fehlen auch die Methoden einer entsprechenden Diagnostik. Glücklicherweise befassen sich aber immer mehr Heilpraktiker und auch manch niedergelassener Arzt zunehmend mit dem Thema Erdstrahlenbelastung.

Die Diagnosemöglichkeiten

Jede Erkrankung hat eine lange Vorgeschichte im Energiekörper des Menschen. Wer ein wenig sensibel für seinen Energiehaushalt ist, spürt diese Veränderungen. Würde man sich zu diesem Zeitpunkt in ärztliche Behandlung begeben, könnte rein organisch nichts festgestellt werden. Alles wäre in Ordnung. Dieser Befund wäre – was den physischen Körper betrifft – absolut richtig, doch der Energiekörper ist vielleicht bereits massiv gestört. Es ist möglicherweise nur eine Frage der Zeit, wann auch der physische Körper erkrankt.

Wie lässt sich nun eine solche Störung des Energiekörpers durch Erdstrahlenbelastung erkennen? Bevor Sie fachliche Hilfe in Anspruch nehmen, sollten Sie zunächst nach potenziellen Gefahrenquellen suchen.

Checkliste: Erdstrahlenbelastung

- Leben in Ihrem Haus Menschen mit chronischen Erkrankungen?
- Gibt es in Ihrem Haus Fälle von Krebserkrankung?
- Ist der Vorgänger an Ihrem Arbeitsplatz krankheitsbedingt ausgeschieden?
- Gibt es einen zeitlichen Zusammenhang Ihres verschlechterten Befindens mit einem Umzug oder Arbeitsplatzwechsel?

Früherkennung und auch Therapie – selbst im Fall von Krebs – sind heute für jedermann mittels geopathischer Analysen möglich. Ein gestörter Energiekörper sagt schon viel aus.

Wenn Sie nur eine dieser Fragen mit Ja beantworten, ist die Wahrscheinlichkeit gegeben, dass auch bei Ihnen eine geopathische Belastung vorliegt und dies die Ursache einer Erkrankung des Energiekörpers beziehungsweise des physischen Körpers ist.

Abtasten der Aura

Ist der Energiekörper eines Menschen gesund und ausbalanziert, lässt sich dies über eine einfache Technik aus der Kunst des Pranaheilens herausfinden. Hier nun eine kurze Anleitung:

Der Patient und der Untersuchende stehen sich im Raum im Abstand von ca. 1,20 Metern gegenüber. Der Patient ist bei der Untersuchung völlig inaktiv und im besten Fall mental gut entspannt und schließt einfach die Augen. Zur Unterstützung kann entspannende Meditationsmusik leise im Hintergrund spielen. Der Untersuchende ist zunächst ebenfalls inaktiv und nimmt nur die gegenüberliegende Person wahr, ohne diese Eindrücke zu verbalisieren oder zu interpretieren. Dann reibt er für ca. zwei Minuten sanft mit seinem Daumen in der Innenfläche der jeweils anderen Hand und massiert abschließend ebenfalls sehr sanft seine Finger.

Nun beginnt der Vorgang des Abtastens der Aura. Am besten beginnt man mit dem Abscannen in Höhe des Solarplexus. Dazu tritt der Untersuchende ein wenig zur Seite und führt die rechte oder linke Innenhand in einem Abstand von ca. 80 Zentimetern ganz langsam an die Aura des Patienten heran. Im gesunden Normfall spürt der Untersuchende bald einen leichten Gegendruck oder Widerstand. Das ist die Aura des Patienten. Diesen Vorgang sollte der Untersuchende wiederholen, bis er ein sicheres Gefühl für die Stärke des Widerstands hat. Dann tritt er aus der Aura des Patienten zurück und untersucht jetzt in gleicher Weise die anderen Hauptchakren des Patienten. Seine Beobachtungen konzentriert er vor allem darauf, ob möglicherweise ein oder mehrere Chakren viel zu wenig Energie abstrahlen oder sich verklebt und gestaut anfühlen.

Auf folgende vorderen Chakrenpunkte sollten Sie beim Abstasten der Aura achten.

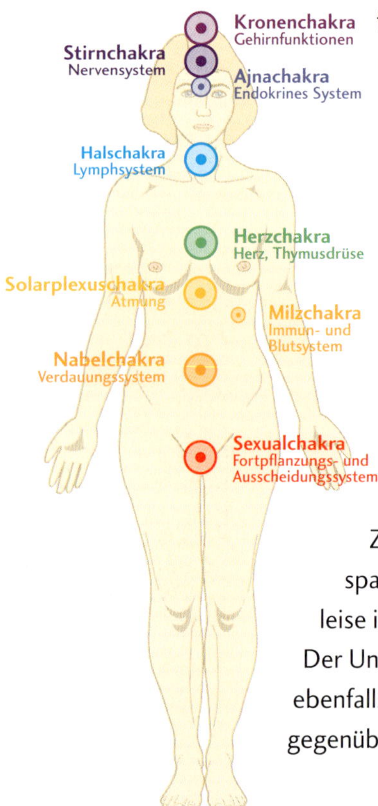

Mit ein wenig Übung entwickelt man dafür eine gute Sensibilität.
Auf den Abbildungen Seite 80 und rechts finden Sie Informationen über die wichtigsten Haupt- und Nebenchakren. Diese sollten Sie beim Abscannen der Aura auf jeden Fall berücksichtigen und beachten Sie, dass nicht alle Chakren die genau gleiche Größe haben.

Alle Chakren sollten harmonisch arbeiten

Zu beachten ist, dass bei jedem Menschen das Tempo der Vibration des bioplasmatischen Körpers anders ist. Im Normalfall versorgen die Chakren die entsprechenden Körperorgane gleichmäßig mit ausreichend Energie und befördern verbrauchte Energie problemlos wieder aus dem Körper nach außen. Der Mensch ist gesund und widerstandsfähig, und seine Aura schwingt gleichmäßig und stabil.
Ist der Energiekörper gestört, zeigen sich beim Abscannen manchmal regelrechte Löcher in der Aura. Der Untersuchende fühlt an bestimmten Stellen gar keinen oder nur einen geringen Widerstand. Dies ist ein sicheres Indiz einer nachhaltigen Störung im Energiekörper.
Oft ist dann zu beobachten, dass zusätzlich ein anderes Chakra völlig aus dem Ruder schlägt und viel zu viel Energie abstrahlt – quasi als Kompensationsvorgang. Dies ist der energetische Hintergrund einer vegetativen Dystonie.
Wenn keine heilsame Veränderung im Energiekörper erfolgt, wird es unweigerlich zur Manifestation von Krankheiten in jenen Körperregionen kommen, an denen die Aura Löcher, Risse oder Peaks hat. Ob eine Störung des Energiekörpers mit einer geopathischen Belastung zusammenhängt, lässt sich allerdings über das Scannen nicht eindeutig ermitteln.

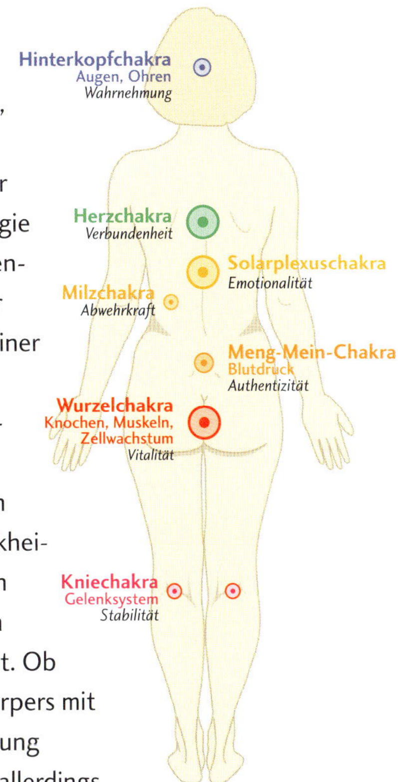

Diese Chakrentafel illustriert die wichtigen Punkte im hinteren Körperbereich.

Geopathische Belastungen und das Wurzelchakra

Typisch für geopathische Belastungen ist, dass fast immer das Wurzelchakra in Mitleidenschaft gezogen ist. Dieses Chakra steht – wie der Name schon erahnen lässt – für die energetische Verbindung des Men-

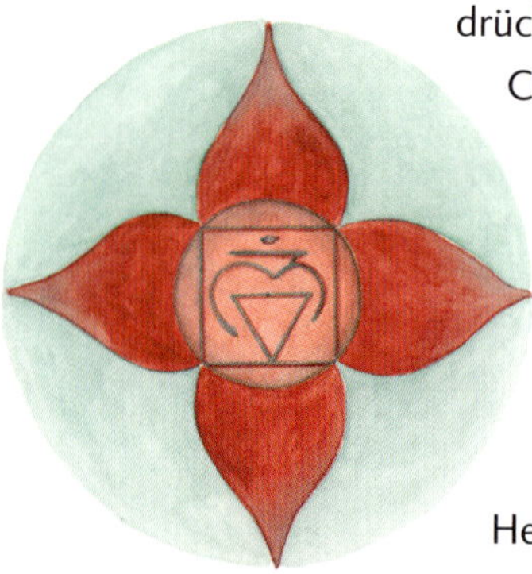

Das Symbol für das Wurzelchakra steht für die Lebensenergie.

Nicht nur die Wurzelchakren, sondern auch die Augen verraten dem geübten Blick sehr viel über die gesundheitliche Verfassung eines Menschen.

schen zur Mutter Erde. Körperlich drückt sich eine Disfunktion dieses Chakras zunächst in allgemeiner Kraftlosigkeit und Appetitlosigkeit aus. Auf der psychischen Ebene zeigt sich oft eine allgemeine Labilität in Form von Nervosität und Unentschlossenheit.

Hellsichtige Menschen nehmen ein gestörtes Wurzelchakra in einer schmutzig gelb-roten Farbe wahr. Auf der existenziell spirituellen Ebene zeigt sich oft eine tiefe Ungeborgenheit. Der betroffene Mensch fühlt sich nicht richtig zu Hause in dieser Welt und in diesem Leben und entwickelt möglicherweise zwanghafte Formen der Religiosität.

Nach Beendigung des Scannens Hände reinigen

Wenn der Vorgang des Scannens abgeschlossen ist, sollte der Untersuchende seine Hände und Unterarme sehr gründlich, am besten mit Salz, reinigen, weil möglicherweise kranke Pranamasse an seinen Händen kleben geblieben ist. Es würde den Rahmen dieses Buches überschreiten, aufzuzeigen, mit welchen Techniken des Pranaheilens ein gestörter Energiekörper wieder ins Lot gebracht werden kann. Im Anhang finden Sie diesbezüglich Literaturhinweise und Adressen (Seite 95). Sobald sich eine Krankheit auch körperlich zeigt, sollte man allerdings immer auch ärztlichen Rat einholen.

Irisdiagnose führt zu sicheren Ergebnissen

Die Diagnose der Iris gilt heute als sicheres Mittel, die gesundheitliche Disposition eines Patienten zu erkennen. Die meisten Heilpraktiker verfügen über ein Irismikroskop und ermitteln darüber sehr zuverlässig Krankheitsherde und konstitutionelle Belastungen. Das Auge, insbesondere die Iris, ist wie ein Spiegelbild der energetischen und körperlichen Verfassung eines Menschen und zeigt auch die gesundheitliche Geschichte eines Menschen auf, vom Knochenbruch in der Kindheit bis zur Blinddarmoperation. Man kann darüber nur staunen.

Eine geopathische Belastung lässt sich mit Hilfe der Irisdiagnostik relativ sicher erkennen. Sie zeigt sich im Anfangsstadium in kreisrunden Streifen – auch Krampfringe genannt. Bei fortgeschrittener starker Belastung tritt entweder eine allgemeine Verfärbung in dunkle Brauntöne auf oder eine partielle Entfärbung besonders am Außenrand. Diese Veränderungen werden bereits auch unter einer guten Lupe sichtbar.

Aber selbst wenn das Ergebnis einer Irisdiagnose positiv ist, bleibt die Frage offen, ob es sich um eine vergangene geopathische Belastung handelt, die nach einem Umzug vielleicht von allein ausgeheilt ist, oder ob es sich um eine akute Belastung handelt. In dieser Frage hilft die Biofunktionsdiagnostik weiter.

Biofunktionsdiagnostik (Vegatest)

Diese elektronische Diagnosemöglichkeit ist noch wenig verbreitet und basiert auf dem Phänomen der Schwingungsresonanz. Dabei wird die rechte Hand des Patienten an eine Elektrode angeschlossen, und über die linke Hand werden die Schwingungen spezifischer Toxine und Umweltgifte wie zum Beispiel Blei, Kadmium oder Tetrachlorkohlenstoff eingegeben. Befinden sich auch im Körper des Menschen diese Stoffe, kommt es zu einer Schwingungspotenzierung, die sich an dem Messgerät, das der Elektrode angeschlossen ist, in einem veränderten Skalenausschlag zeigt. Die Schwingungen der einzelnen Stoffe sind in Ampullen konserviert. Je nach Ausstattung verfügt der untersuchende Arzt oder Heilpraktiker auch über Ampullen, die geopathische Schwingungsmuster beinhalten und somit die Möglichkeit einer sicheren Diagnostik zur Erdstrahlenbelastung eröffnen.

Mit Hilfe der Irisdiagnose können Krankheiten bestimmt werden.

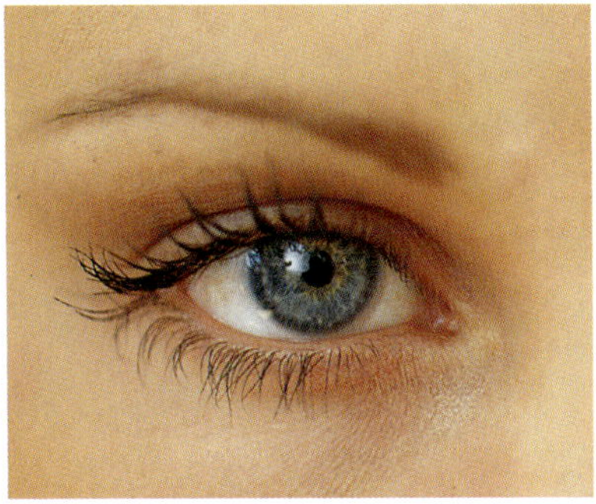

Gute Therapieverfahren

Wie die Irisdiagnose zeigt, sind geopathische Belastungen auch dann noch erkennbar, wenn der Patient bereits umgezogen ist und unter keiner akuten Bestrahlung mehr steht. Grundsätzlich lässt sich feststellen, dass mit einer Standortsanierung beziehungsweise Bettumstellung ein Krankheitsverlauf günstigstenfalls

Die Umstellung des Betts genügt im Regelfall nicht, um eine nachhaltige Gesundung herbeizuführen.

Wer sich eine schnelle Heilung nach geopathologisch bedingten Krankheiten erhofft, wird enttäuscht. Jede Heilung braucht ihre Zeit.

gestoppt werden kann. Nur außerordentlich robuste Naturen kurieren alle Symptome irgendwie von allein aus.

Sehr gute Unterstützung für den Heilungsprozess leisten Pranatherapien. Sie bringen den bioplasmatischen Körper wieder ins Gleichgewicht und sorgen für eine Reinigung von angestauter und verbrauchter Energie, so dass die Organe wieder ihre normale Funktion aufnehmen können.

In den meisten Fällen geopathischer Belastung ist allerdings der physische Körper über die Schwächung oder den Zusammenbruch des Immunsystems bereits derart geschwächt, dass sich große Mengen von Toxinen und Partikeln im Bindegewebe abgelagert haben. Diese sind es dann, die unmittelbar für allerlei Krankheiten und Störungen des vegetativen Nervensystems und Gelenkapparates verantwortlich sind und die zunächst abgeleitet werden müssen.

Homöopathische Entgiftung und Ausleitung

Geopathologisch tätige Ärzte und Heilpraktiker beginnen in der Regel mit einer Entgiftung und Ausleitung der angesammelten Toxine. Dazu werden homöopathische Arzneien verabreicht, die wie bei allen anderen homöopathischen Mitteln zunächst zu einer Verschlechterung des Befindens führen, aber dann spürbar eine Besserung des Allgemeinzustandes bewirken. Das Immunsystem ist entlastet von Giften und die Nervenbahnen sind entschlackt von »Verzerrern und Blockierern«. Es dauert allerdings eine Weile, bis sich der Körper auf diese neue Situation eingestellt und sein Anpassungsverhalten an die Belastungen gänzlich aufgegeben hat und realisiert, dass er jetzt nicht mehr kompensieren und ständig über Symptome alarmieren muss. Deshalb können trotz Entgiftung eine Zeit lang noch Beschwerden und Überempfindlichkeiten anhalten. Es wird auch eine Zeit dauern, bis sich das Zellgewebe erholt hat.

Entstrahlungstherapie

Das eigentliche Problem der geopathischen Belastung liegt in der Verstrahlung der Zellen und dem veränderten Spin. Das Blut Krebskranker dreht immer links. Ist die Heilung erfolgt, dreht es wieder rechts wie

bei allen Gesunden. Diese Linksdrehung liegt auch bei starker geopathischer Belastung vor, d. h., die Zelle ist völlig depolarisiert und hat nach wissenschaftlichen Messungen nur noch etwa zehn Prozent ihrer ursprünglichen Energie. Über die vermehrte Teilung versucht sie quasi in einem letzten Verzweiflungsakt, ihr Überleben zu retten.
Wie lässt sich geopathische Verstrahlung therapieren? Aus der Homöopathie stammt der Grundsatz »Gleiches heilt Gleiches«, und letztlich verdankt sie diesem Grundsatz auch ihren Namen (griechisch homoios = gleich und pathein = leiden).
In der Naturheilkunde haben sich zwei homöopathische Arzneien bewährt, die beide auf geopathisch belastetem Boden wachsen. Sie werden unter den Namen *Polyxan* und *Pascotox* geführt und sollten nur unter fachkundiger Betreuung eingenommen werden. Denn auch hier kommt es erst zu einer Verschlechterung des allgemeinen Zustands, der sehr sorgfältig zu beobachten ist und der gegebenenfalls durch zusätzliche Maßnahmen in Bahnen gehalten werden muss.

Stabilisierung und Regeneration

In den meisten Fällen ist der Körper unter der geopathischen Belastung regelrecht degeneriert, und er braucht nach der Therapie eine gewisse Zeit, sich zu erholen und wieder in Form zu kommen. Das gelingt nicht von heute auf morgen. Man braucht Geduld, aber man kann auch einiges zur Unterstützung tun.

Versuchen Sie, Ihren Tagesablauf und Ihre Ernährung so gesundheitsbewusst wie möglich zu gestalten.

Chinesische Heilpilze

Besonders bewährt hat sich – neben gesunder Ernährung, viel Bewegung an frischer Luft und einem geregelten Tagesablauf – die Einnahme von chinesischen Heilpilzen. Als sehr unterstützend hat sich vor allem der *Reishi-Pilz* erwiesen. Er ist in Deutschland als Trockenpulver in Kapseln erhältlich und hat eine außerordentlich positive Wirkung auf das Immunsystem. Er harmonisiert und kräftigt das Energiefeld erkrankter Organe. Näheres dazu finden Sie in dem Buch von Dr. Barbara Ehlers »Chinesische Heilpilze« (siehe Literaturverzeichnis Seite 95).

Homöopathische Mittel wirken entgiftend und heben Blockierungen auf.

Auramassage

Noch eine weitere Möglichkeit, den ehemals geopathisch belasteten Körper bei seiner Regeneration zu unterstützen, ist die Auramassage. Diese Technik entstammt der Pranaheilkunst und ist außerordentlich wirksam, den Energiekörper zu stabilisieren und gegen verwirrende Schwingungen zu schützen. Die Auramassage muss mit einem Partner durchgeführt werden und kann anfangs täglich praktiziert werden. Sie geschieht in drei Schritten:

Die Auramassage ist bei der Stabilisierung eines angegriffenen Körpers äußerst hilfreich. Sie kann allerdings nicht allein durchgeführt werden.

1. Vorbereitung und Einstimmung

Der Raum sollte aufgeräumt und gut durchlüftet sein. Falls der Raum sich energetisch schwer und klebrig anfühlt, sollte man ihn vorher mit Sandelholz-Räucherwerk oder Weihrauch reinigen. Wenn dies alles nicht wirkt – was der Fall sein kann bei Zimmern, in denen lange Zeit viel geraucht oder seelisch gelitten wurde –, hilft nur ein neuer Farbanstrich und ein Austausch der Möbel.

Zur weiteren Vorbereitung der Auramassage sollte man einen Eimer mit Wasser füllen und in diesem eine Hand voll Salz auflösen. Dieser Eimer wird bei der Massage quasi als Mülleimer für verbrauchte Energie eingesetzt. Salz eliminiert hervorragend krankes und totes Bioplasma (und eignet sich deshalb auch so hervorragend zur Konservierung von Fleisch und Lebensmitteln).

Zu Beginn der Auramassage stehen sich Patient und Behandelnder im Raum gegenüber und stimmen sich innerlich aufeinander ein.

2. Die Aura kämmen (Sweeping)

Der Patient ist wieder völlig inaktiv und steht aufrecht im Raum, am besten mit geschlossenen Augen. Der Behandelnde führt nun um den ganzen Körper des Patienten herum mit beiden Händen streichende Abwärtsbewegungen aus. Man beginnt direkt vor dem Gesicht und arbeitet sich zunächst rechts herum bis zur Rückenmitte vor und beginnt dann erneut von vorne – jetzt aber links herum.

Die Massagebewegung ist folgende: Man hält die Hände leicht schalenartig gebogen etwa 15 Zentimeter über den Kopf des Patienten und streicht nun in einem Abstand von ca. fünf Zentimetern vom Kopf bis zum

Boden. Der Behandelnde hebt dann langsam seine Hände hoch und schüttelt sie kräftig über dem Wassereimer aus. So verhindert er, dass kranke bioplasmatische Materie an ihm haften bleibt oder frei im Raum herumschwirrt.

Es folgt dann ein zweiter Massagerundgang – diesmal aber mit gespreizten Fingern. Der Behandelnde kämmt regelrecht die Aura des Patienten und bringt Sie wieder in Form. Auch hierbei nicht das Ausschütteln der Hände vergessen.

Diese Kämmmassage kann gegebenenfalls ein zweites Mal wiederholt werden.

Wichtig bei dieser Massage ist, dass sich der Behandelnde innerlich auf das Ziel konzentriert, kranke bioplasmatische Materie zu entfernen, und dass sich der Patient in einem Bewusstseinsfeld von »Loslassen, Fallenlassen, Freiwerden« befindet. Die Erfolge sind dann enorm und für den Patienten sofort spürbar. Er fühlt sich leichter, geschmeidiger und sauberer. Die Pranaenergie fließt wieder ungehindert durch den physischen Körper und beschleunigt den Heilungs- und Regenerationsprozess nachhaltig.

3. Versiegeln

Der Energiekörper eines lange Zeit erkrankten Menschen ist sehr instabil, und so kommt es leicht wieder zu Einbrüchen und Rückfällen. Dem kann man in einem gewissen Maß dadurch vorbeugen, dass man einen dritten Massagegang durchführt und jetzt die Aura des Patienten etwa im Abstand von 60 bis 70 Zentimetern mit der Innenhandfläche massiert. Die Hand macht dabei langsame rechtsdrehende Kreisbewegungen.

Regenerierend und stärkend wirkt die Reinigung eines Raumes durch Räucherwerk.

Wichtig dabei ist die Konzentration auf das Ziel, die Aura des Patienten zu versiegeln. Man kann dazu die Vorstellung zu Hilfe nehmen, den Energiekörper des Patienten jetzt gleichsam wie mit flüssigem Wachs einzuhüllen.

Die Auramassage kann beliebig oft angewendet werden. Der Patient wird ein Gefühl dafür entwickeln, wann und wie oft diese Massage für ihn sinnvoll ist.

Es muss ja nicht gerade Gold sein, sondern auch Erzvorkommen, Quellen oder Rohrbrüche lassen sich mit der Rute finden.

Mit der Rute *auf* Schatzsuche

Wie im Eingangskapitel bereits erwähnt kann man mit der Rute nicht nur geopathische Störzonen aufspüren sondern auch unterirdische Schätze entdecken. Dazu gehört allerdings schon eine gewisse Meisterschaft und Begabung.
Wohl kann jeder Mensch irgendwie singen, aber bis zur Bühnenreife bringen es nur wenige. Mit dem Rutengehen verhält es sich nicht viel anders.

Erze, Öl und Quellen entdecken

»Felon Augustus« – so heißt ein großes Erzabbaugebiet in Spanien in der Nähe der Stadt Ponferrada. Mit diesem Namen hat es eine besondere Bewandtnis. Er geht nämlich zurück auf den Rutenmeister August Bischopping, der Ende der fünfziger Jahre dieses riesige Erzvorkommen mit seiner Rute entdeckte. Mehr als vier Monate lang untersuchte er ein Gebiet von 120 Kilometer Länge, nachdem bis dahin zahlreiche Bohrungen und Schürfungen nach abbauwürdigen Erzlagern ohne Erfolg geblieben waren. Inzwischen hat man mehrere Millionen Tonnen Erz abbauen können – dank August Bischopping. Und dies war nicht einmal sein einziger großer Erfolg:
Bereits als 17-Jähriger bereiste er die unabhängige Republik Togo in Afrika, um in dem ausgedörrten Land neue Wasserquellen zu suchen. Was ihm dann auch sehr erfolgreich gelang.
Ein großes Geheimnis aber nahm er mit ins Grab. Er hatte nach seinen Einschätzungen in Deutschland eines der größten Erdölvorkommen mit seiner Rute entdeckt, wollte aber den Standort nur preisgeben gegen eine vertraglich zugesicherte fünfprozentige Beteiligung. Die aber wollte ihm niemand zahlen – also schwieg er.
Und bis heute herrscht großes Rätselraten, wo sich dieses Vorkommen befinden mag.

Professionelles Rutengehen

Mittlerweile beschäftigen die meisten großen internationalen Konzerne, wenn sie neue Standorte in von Dürre bedrohten Gebieten errichten wollen, professionelle Rutengeher. Ebenso engagieren viele Unternehmen, die mit Brunnenbohrungen beschäftigt sind, solche Fachkräfte. Es hat

Professionelle Rutengeher unterstützen heute selbst große Konzerne bei ihrer Suche nach neuen Bodenschätzen.

sich in den Chefetagen herumgesprochen, dass man mit diesen Maßnahmen eine Menge Geld sparen kann – gleichwohl hängen sie es nicht an die große Glocke, um ihr Image keiner Gefährdung auszusetzen, denn für die breite Bevölkerung ist Rutengehen nach wie vor leider »Spökenkiekerei« oder »esoterischer Humbug«.

Wodurch sich professionelle Rutengeher besonders auszeichnen, ist ihre Fähigkeit, relativ präzise Angaben über die Tiefe und Ausdehnung von Wasseradern, Ölfeldern oder Erzvorkommen zu machen. Dazu gehören nicht nur sehr viel Erfahrung und Feingefühl, sondern auch handfestes Know-how – und viel Ausdauer. Der Schlüssel dazu ist die genaue Analyse der Strahlenverteilung an der Oberfläche, denn jedes Störfeld oder Schatzvorkommen strahlt nicht nur senkrecht direkt nach oben, sondern hat auch ein so genanntes Strahlenspektroid.

Tiefen- und Massenbestimmung

Je näher man dem senkrechten Strahlungsfeld kommt, desto stärker ist die Ausschlagsreaktion der Rute. Und umgekehrt: Je mehr man sich von dem senkrechten Strahlungsfeld entfernt, desto geringer werden die Ausschläge. Die Breite der Schwerpunktzone entspricht etwa einem Fünftel der Hauptzone. Der Austrittswinkel der Strahlen ist abhän-

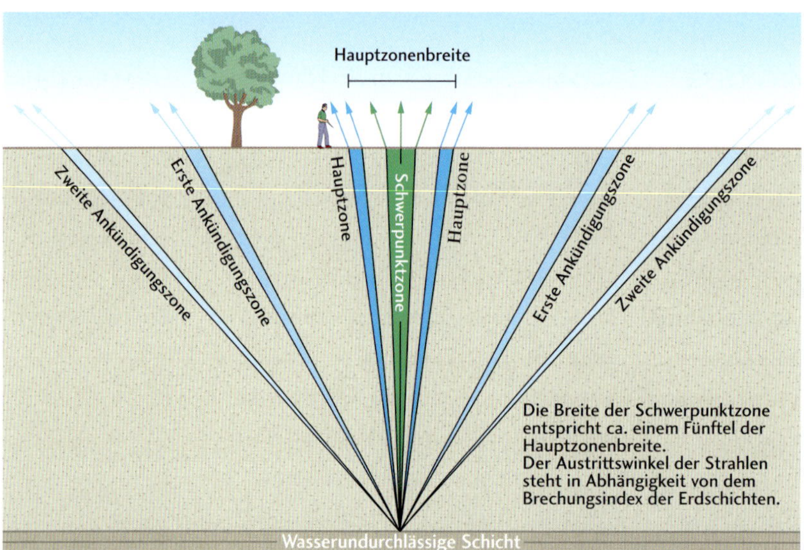

Die verschiedenen Strahlungsfelder einer Wasserader. Darstellung in Anlehnung an Andrea Benschkowskis Buch »Radiaesthetische Erscheinungen in der Baubiologie und ihre messtechnische Erfassung«.

gig von der Qualität der Erdschichten und beträgt im Regelfall das siebenfache der Hauptzonenbreite. Nun lässt sich eine solche Analyse relativ leicht nachvollziehen und mit der Rute nachprüfen, wenn man bereits weiß, wo und in welcher Tiefe sich die Wasserader befindet. Viel schwieriger ist wenn man eine Oberfläche untersucht und zunächst nichts anderes vor Augen hat als ein großes Durcheinander von verschieden starken Rutenreaktionen – auch verläuft ja eine unterirdische Wasserader nicht immer in gleicher Richtung und mit gleicher Stärke. Über den Einsatz der Pendelrute wird man erste Hinweise bekommen können, womit man es bei dem jeweiligen Strahlungsfeld zu tun hat, und in welcher ungefähren Tiefe und Ausdehnung sich der Strahlungsverursacher befindet. Bevor aber kostspielige Bohrungen unternommen werden, muss eine genaue Analyse der Pendeldaten vorgenommen werden.

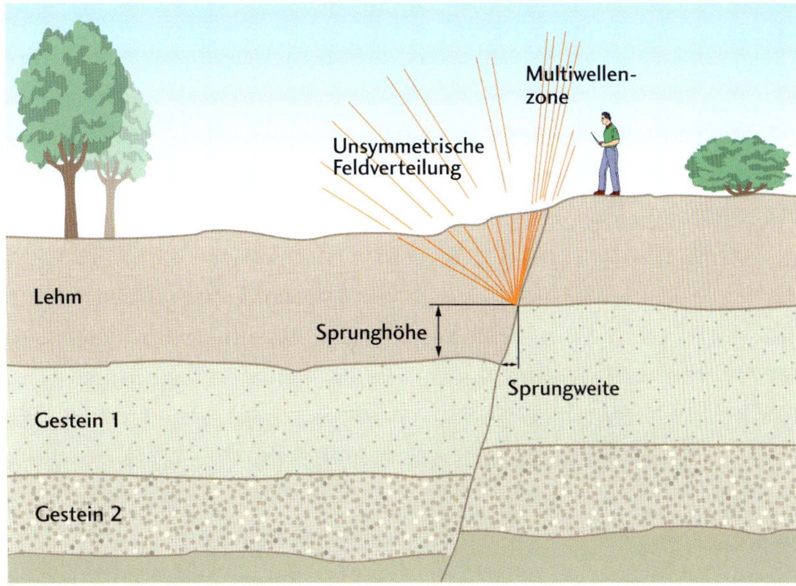

Abbildung einer geobiologischen Verwerfung (nach: E. Kalteiß/Eike Hensch »Grundlagen und Arbeitstechniken der Radiaesthesie«).

Geobiologische Verwerfungen

Als besonders problematisch haben sich die Strahlungsfelder von geobiologischen Verwerfungen erwiesen. Ihre Analyse ist sehr schwierig, weil man es mit einer unsymmetrischen Feldverteilung zu tun hat. Das heißt: An der Oberfläche zeigt sich keine gleichmäßige Verteilung, je näher man einer solchen Verwerfung kommt, aber gerade diese Verwerfungen sind z. B. für Erzsucher hoch interessant, weil sie Aufschluss geben über eine tiefer gelegene Gesteinsschicht.

In Indien, wo professionelle Rutengeher auch von der Regierung eingesetzt werden, ist das Rutengehen besonders schwierig, weil dort die Grundwasseradern in Erdspalten von nur ein bis zehn Zentimeter Breite verlaufen. Aber selbst dort ist es Rutengängern gelungen, haargenau die Bohrer zu justieren, so dass sie in 70 Meter Tiefe genau auf eine ergiebige Wasserader trafen.

Hier wird mit Hilfe einer V-Rute nach Wasser gesucht.

Diese Rutengeher sind wahrlich die Karajans ihrer Zunft, und das Wissen und Können wird in den Familien von den Eltern an die Kinder weitergegeben – falls sich diese als ebenso begabt erweisen.

Wie groß ist der Schatz?

Natürlich ist es insbesondere für Schatzsucher wichtig zu wissen, wie groß der unterirdische Schatz vermutlich ist – sei es nun Wasser, Öl oder Eisenerz. Diese Frage lässt sich nur über ein subjektives Messsystem annähernd beantworten. Ausgangspunkt ist die Stärke der Rutenreaktion und ihr Vergleich mit anderen Erfahrungswerten, die man anhand konkreter nachgeprüfter Ergebnisse vorliegen hat.

Allein der Einsatz einer Pendelrute mit einer willkürlichen Skala von eins bis zehn mag für eine erste Einschätzung hilfreich sein; zur genaueren Bestimmung reicht das nicht aus, wenn man professionell als Rutengeher tätig sein will. Erfahrung spielt wohl die größte Rolle.

Wie sich bei einem Klavierstimmer das Gehör mit der Zeit schult, und er dann sehr schnell erkennen kann, mit wie viel Hertz ein Ton schwingt, so verhält es sich auch beim Rutengehen. Mit zunehmender Zeit und größerer Übung bekommt man ein immer besseres Gefühl für die Qualität und die Masse der jeweiligen Strahlenauslöser.

Rohrbrüche und anderes aufspüren

Zuweilen werden Rutengänger hinzugezogen, um Rohrbrüche unter Straßen, Wohn- oder Fabrikgebäuden ge-

nau zu lokalisieren. Bevor man die ganze Straßendecke oder das Fundament aufreißt, sicherlich eine sinnvolle Maßnahme.
Das »Muten« dieser Rohrbruchstellen ist zum einen relativ einfach, wenn man eine genaue Zeichnung vorliegen hat, zum anderen aber schwierig, wenn bereits mehrere Stunden vergangen sind und der ganze Untergrund durchflutet ist.

V-Rute und Winkelrute benutzen

Eine erste Begehung sollte immer mit der V-Rute gemacht werden. Besonders Ruten aus Kupfer oder Silber schlagen gut an. An der Stelle, wo die Rute am stärksten reagiert, sollte man dann dieses Feld präzise Dezimeter für Dezimeter mit der Winkelrute analysieren und die Winkel dabei so halten, dass sie nicht ineinander fallen, sondern in eine Drehbewegung kommen. Die Anzahl dieser Drehbewegungen ist der Anhaltspunkt für die genaue Lokalisierung der Rohrbruchstelle.
Um eine Beeinflussung durch elektromagnetische Felder zu verhindern, sollte man bei Gebäuden den Stromkreis abschalten und alle Metallgegenstände aus der direkten Umgebung entfernen.

Ruhig und konzentriert bleiben

Das größte Problem bei der Rohrbruchanalyse liegt aber in der allgemeinen Aufregung und Alarmstimmung der betroffenen Menschen oder der zu Hilfe geholten Handwerker. Man muss aufpassen, dass man als Rutengeher nicht von diesen Schwingungen allzu sehr erfasst wird und seine innere Ruhe und Konzentration verliert.
Betrachten Sie sich wie ein Notarzt, der zu einer Unfallstelle gerufen wird. Nur mit einem kühlen Kopf kann wirklich geholfen werden.
Wie bei allen anderen Aufgabenstellungen des Rutengehens gilt auch hier: Übung macht den Meister. Vielleicht hat Ihnen dieses Buch geholfen, einige neue Erkenntnisse und Einsichten zu gewinnen.
Am meisten werden Sie aber mit Sicherheit lernen, wenn Sie die Rute in die Hand nehmen und eigene Erfahrungen sammeln.
Dabei wünsche ich Ihnen viel Erfolg!

Nichts geht über eigene Erfahrungen beim Rutengehen, denn erst diese bringen die nötige Sicherheit mit sich, die im Extremfall helfen.

Impressum

Genehmigte Lizenzausgabe
für Verlagsgruppe Weltbild GmbH,
Steinerne Furt, 86167 Augsburg

Redaktion:
Cornelia Osterbrauck

Projektleitung:
Karin Stuhldreier

Redaktionsleitung:
Dr. Reinhard Pietsch

Bildredaktion:
Sabine Kestler

Produktion:
Manfred Metzger (Leitung), A. Aatz

Umschlaggestaltung:
Till Eiden

Layout:
Reinhard Soll

DTP/Satz:
Veronika Moga

Gesamtherstellung:
aprinta Druck GmbH & Co. KG, Senefelderstraße 3 – 11, 86650 Wemding

Printed in Germany

ISBN 3-8289-3422-6

2005 2004 2003 2002

Die letzte Jahreszahl gibt die aktuelle Lizenzausgabe an.

Über den Autor

Ulrich Holst, Jahrgang 1955, absolvierte das Studium der Theologie und Psychologie. Nach langjähriger Tätigkeit als Dozent in der Erwachsenenbildung lebt er heute als freier Buchautor in der Nähe von Bremen. Von ihm stammen zahlreiche Veröffentlichungen zu Themen der Lebenshilfe und Berufsgestaltung.

Bildnachweis

AKG, Berlin: 10; Astrofoto, Leichlingen: 6; Bilderberg, Hamburg: 41 (Milan Horacek), 92 (Aurora); Das Fotoarchiv, Essen: 11 (Marco Cristofori), 16 (Jörn Sackermann), 29, 88 (Dirk Eisermann), 43 (Eisermann/Babovic), 68 (Wolfgang Schmidt); gettyone Stone, München: 9 (Sara Gray), 20 (World Perspectives), 36 (Laurence Monneret), 44 (Laurie Campbell), 45 (Reinhard Siegel), 66 (Darrell Gulin); Heimatverein Vilsbiburg: 12; Laif, Köln: 30 (Gollhardt & Wieland); Logos Buchvertrieb Intern., Eckernförde: 60; Mary Evans Picture Library, London: 5, 15; photonica, Hamburg: Vorsatz/Nachsatz (Masato Tokiwa), 58 (Neo Vision); Schwarz Anja, München: 82; Südwest Verlag, München: Titel, 63, 72, 73 (Siegfried Sperl), 14, 23, 24, 25, 76, 78 (Michael Nagy) 38, 87 (Matthias Tunger), 46 (Joachim Heller), 54, 83 (Jump/Vey), 85 (Claudia Rehm); The Image Bank, München: 32 (J. Ramey), 40 (Vikki Hart), 52 (Michael Skott), 74 (Ripley Entert); Transglobe, Hamburg: 49 (Postl), 70 (Winter)

Illustrationen

Detlef Seidensticker, München

Hinweis für unsere Leser

Alle Empfehlungen in diesem Buch wurden mit der größtmöglichen Sorgfalt zusammengestellt. Dennoch ist eine Haftung von Autoren, Produzent und Verlag für Schäden aus der Anwendung der hier erteilten Ratschläge ausgeschlossen.

Kontaktadressen

Berufsfachverband der Geopathologen und Baubiologen e.V.
Hellweg 5
D-34292 Ahnatal
Tel. 0 56 09/8 06 56

Forschungskreis für Geobiologie e. V.
Adlerweg 1
D-69429 Waldbrunn-WK
Tel. 06274/91 21 09

Schweizer Verband für Radiaesthesie und Geobiologie
Pf 2182
CH-8600 Dubendorf
www.paranorm.ch

Österreichischer Verband für Radiaesthesie und Geobiologie
Koppstraße. 89-93
A-1160 Wien
(01) 4 08 18 83

Feng Shui Consulting & Ausbildung:
Dockendorf & Gill
Thadenstraße 79
D-22767 Hamburg
Tel. 0 40/39 90 93 98

Internet-Portale

www.rutengehen.at
Infos, Fallbeispiele, Erfahrungsberichte

www.geomantie.net
Infos, Seminare, Ausbildungen zum Thema Erdkräfte und Baukunst

www.geobiologie.de
Ruten, Messgeräte, Adressen zum Thema Erdstrahlen

www.fengshui-verband.de
Infos, Seminare, Adressen

Bezugsquellen

Abschirmmaterial, Entstörungsgeräte:
Schurg GmbH
Bilsteinstraße 69
D-34537 Bad Wildungen
Tel. 0 56 21/70 03-15
www.erdstrahlenschutz.de

Raumharmonizer:
Amanda Energieprodukte
Betpurstrasse 23
CH-8910 Afforten a. A.
www.amanda-energie.ch

Nord-Süd-Gleichrichter:
Jürgen Rath NSG-Vertrieb
Fichtenstraße 4
D-88521 Ertingen
Tel. 0 73 71/47 00
Fax 0 73 71/54 47

Chinesische Heilpilze:
Myko Vital GmbH
Talweg 2
D-63694 Limeshain
Tel. 0 60 47/70 73

Feng Shui-Lopan:
Logos Vertrieb
Sehestedter Straße 17
D-24340 Eckernförde
Tel. 0 43 51/72 62 88

Fast alle in diesem Buch aufgeführten Ruten können bezogen werden bei:
Mitras Magic Market GmbH
Postfach 10 11 16
D-46211 Bottrop
Fax: 0 20 41/26 27 66
www.rutenshop.de

Literaturhinweise

Bachler, Käthe – Erfahrungen einer Rutengängerin, 1995

Banis, Dr.med. Ulrike – Erdstrahlen & Co. – wie geopathische Belastungen uns schaden, Stuttgart 2001

Benschkowski, Andrea – Radiaesthetische Erscheinungen in der Baubiologie und ihre messtechnische Erfassung, Nienburg 1997

Choa Kok Sui – Grundlagen des Pranaheilens, Freiburg 1996

Ehlers, Dr. Susanne – Chinesische Heilpilze, München 2002

Holst, Ulrich – Feng-Shui und Lebenserfolg, München 2002

Holst, Ulrich – Mit der Rute Wasseradern aufspüren, München 2002

Lüdeling, Hartmut – Handbuch der Radiästhesie, Nienburg 1998

Kalteiß, Ewald/Hensch, Eike – Grundlagen und Arbeitstechniken der Radiaesthesie, Nienburg 1998

Keßler/Kopschina – Praxisstudie an 52 Patienten, Schurg GmbH – Bad Wildungen 1992

Kopschina, Andreas – Erdstrahlen – Gefahren erkennen und wirksam bekämpfen, München 1998

Walters, Derek – Feng Shui – Die Kunst des Wohnens, München 1995

Weberstorfer, Ernst – Arbeit mit Tensoren, Freistadt 1996

Register